JN173283

コトニスム・カタルシカ

柿ノ木寮蛮勇伝

今野博信 著

一声社

口上

吾輩は鹿である。そもそも名付けられるような境遇に無い。これからも名付けられそうに無い。だから、「名前はまだ無い」と期待することも無い。ただ吾輩を見て、その体の大きさに目を瞠《みは》る人間達がいて、吾輩のことをオウワンと呼んだりする。それはそれで便利なことだと感じている。その呼び方をする者がいれば、それは「ああ、あそこの寮生だな」と吾輩の方で分かるからだ。

その寮生達というのは、市街地に隣接する珍しいほどに広大な原始林との境界に建つ柿ノ木寮の住人達のことだ。彼らは代々、オウワンの呼び名を伝え続けてきた。その意味するところは、王様の王に加えて中国語読みのワンをさらに重ね着させたのか、と早とちりした新入生がいたが、牡鹿《おじか》で一番目立っているというだけの話だ。それはそれで明快なことだと感じている。

寮生が吾輩に興味を持ったように、吾輩も彼らに興味を持ち続けて来た。彼らは実に興味深い生態をしている。街中で出会う他の人間達と違っていることを、吾輩は若い鹿達に教えて来た。中途半端に彼らと接するならば、自分自身が危ない目に遭うかもしれないと戒《いまし》めておくためだ。同じ時間と空間を共有する鹿と寮生の間に、奇妙なドラマがいくつも生まれる。良い悪いの話ではなく、それらを感じたままに記録しておくことにした。
寮生気質が変化して行くのに合わせて、両者の関係も少しずつ変わって行く。でもこの先どれほど寮生らが変わって行ったとしても安心していてほしい、吾輩ら鹿はいつも変わらずにここに居るのだから。もし何かに迷うことがあれば、またここに来てほしい。そうすれば、吾輩らも一緒に悩むつもりでいる。

名前：オウワンと呼ばれることがある
年齢：（記録なし）
誕生：厳冬の翌年の春
性別：♂
使命：自律と連帯の伝道

目次

物の章

事の章

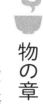

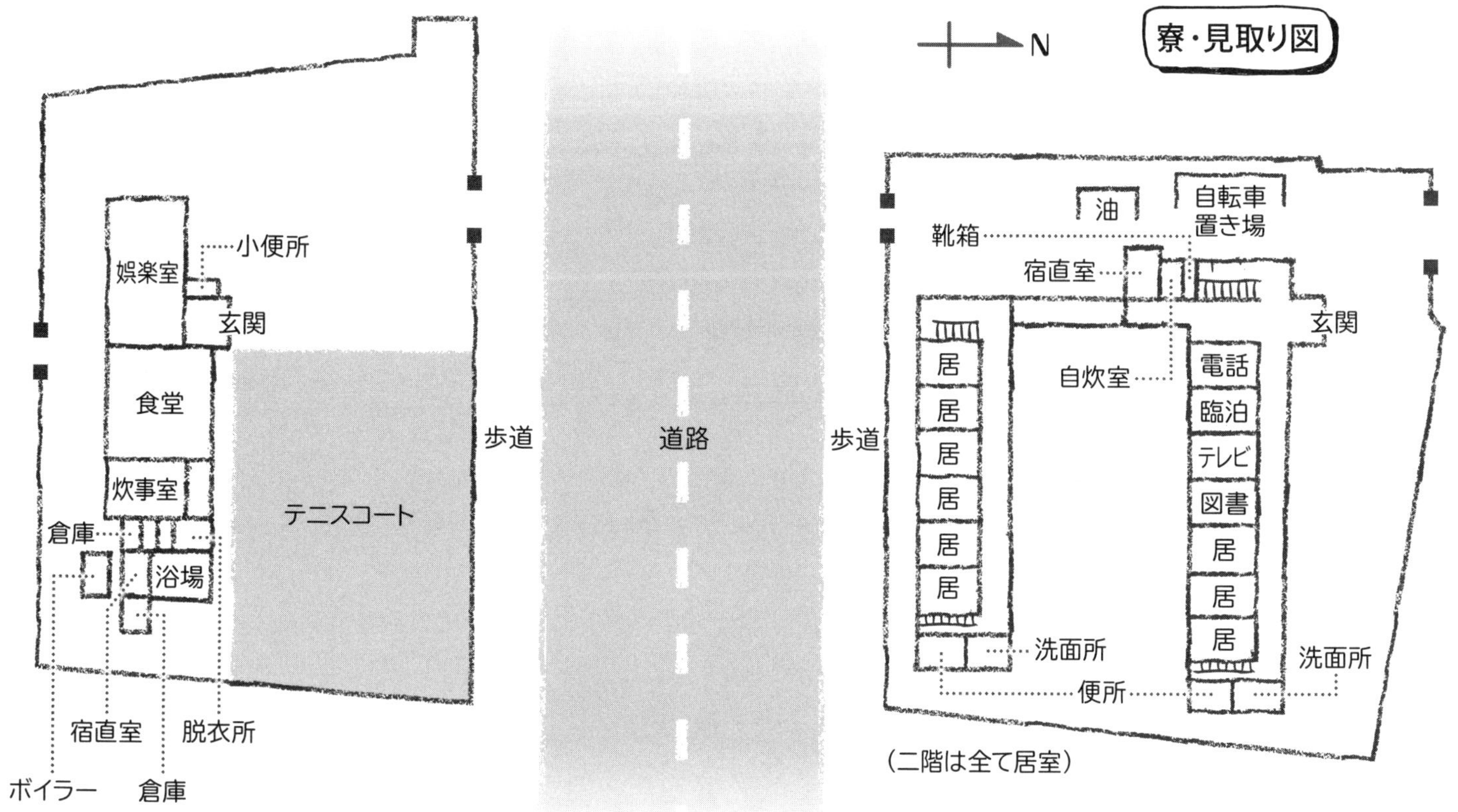

寮・見取り図
N
娯楽室
小便所
玄関
食堂
炊事室
倉庫
浴場
テニスコート
宿直室
脱衣所
ボイラー
倉庫
歩道
道路
歩道
油
自転車
置き場
靴箱
宿直室
玄関
自炊室
居
居
居
居
居
居
電話
臨泊
テレビ
図書
居
居
居
洗面所
洗面所
便所
（二階は全て居室）

鹿の章

第一話　鹿《しか》と寮生《りょうせい》との因縁

吾輩ら鹿にとって春は出産時期で心浮き立つ。寮生達も新入生を迎えて浮き足立っている。春ならではの独特な気分と言える。新入生は、寮の中庭辺《あた》りに鹿の姿を見つけて驚いたりする。鹿の方も、自分達を見て驚くような人間が居ることに驚き、ああ新人だなと気付く。お互いの自己紹介をし合っているように春が過ぎてゆき季節は巡りゆく。

秋も深まり出したある日のこと、その年の春に生まれた子鹿が母親について寮内にまで足を伸ばして来た。まだ人間を見慣れるほどにはなっていない。ましてや寮生だ。どんな行動に出るか予測出来ないのだから、母鹿は過敏になっている。とは言え、いずれは行動範囲に折り込んでおく必要があるのだから、子鹿への教育の意味を込めての遠征だ。まぁ人間観察のための特別講義のようなものか。そんな状況で、子鹿を見付けた新人の一人が「ああバンビだ！」と大声で叫んだ。

何故か大概の人間が決まってこう反応する。白い斑点の目立つ背中や目玉が大きく見える顔付きが、そのような反応を引き出すようだ。その大声までは、いつものことだった。しかし次に起こったのは例外的な事態だった。声に驚いた子鹿が慌てて逃げ出そうとしたのだ。そしてその際に、門扉《もんぴ》の格子《こうし》の隙間に体を挟《はさ》まれてしまった。一瞬の出来事で、さすがに母鹿も制止出来なかった。子鹿の肩と腰の中間が、格子の間に収まって身動き出来なくなっていた。

母鹿はすぐに近くまで寄って行ったが、どうにか出来る訳でもなかった。大声でバンビと叫んだ寮生と、その声に応じて顔を出した他の寮生達も、呆然《ぼうぜん》と立ち尽くすのみであった。子鹿は頭と肩をすり抜けるまでは出来たのだが、腰の幅には間が狭過ぎたのだ。門扉に囚われた子鹿を真ん中にして、門扉の向こうとこちらに母鹿と寮生が向き合っている。その状況は、自然と人類の関係を象徴的に暗示していた。しかしそんな形而上学は後回しで、焦眉《しょうび》の課題は脱出であった。

心配顔で近付こうとした寮生に、母鹿は近付けまいと威嚇《いかく》する。後ずさる寮生達だが、離れ去ることも出来ない。手助けしたい母鹿も、何か出来る訳でもない。門扉を間にして立つ鹿と人。吾輩はその場に立ち合って居た訳ではないが、そういう膠着《こうちゃく》した状態だったことは容易に想像出来た。近くで事の顛末《てんまつ》を見届けていた別の母鹿が、吾輩に教えてくれた話から充分に困惑の事態が目に浮かんだ。

そんな場面に顔を出した先輩の寮生が、事態を動かす切っ掛けになったという。彼は遠巻きにしていた新入生達に、手早く鹿の愛護団体のことを教えた。新入生はすぐさまその団体に電話して、ほどなく軽トラックに乗った二人組が到着した。その時点までに子鹿の腰の辺りは格子と擦《す》れ合ってかなり血がにじんできていた。状況を見て取った年長と若者の二人組は、手早く毛布を取り出して子鹿にかぶせ、暴れようとする動きを抑えた。頭までかぶせられた毛布は、子鹿の恐怖心をもおおった訳だ。前脚と後ろ脚を別々に二人につかまれ、子鹿の体は細長く引き伸ばされた。斜めの状態だった姿勢を格子と直角になるように合わせ、そっと頭の方へ動かすと子鹿は束縛から解き放たれた。

あざやかな手付きに、見守る寮生達は息をのんでいた。母鹿も近付けるぎりぎりの間合いで、その一部始終を見詰めていた。毛布を取り払われたとたん、子鹿は軽くジャンプして、さっと母鹿の元へ駆け寄って行った。寮生達からは拍手がわき、功労者の二人組はちょっと照れくさそうに笑った。半纏《はんてん》の首に巻いた手ぬぐいで汗を拭《ぬぐ》い、簡単に電話連絡の礼を重ねて述べて、さっと立ち去って行った。その団体名が染め抜かれた半纏の後ろ姿に、寮生達からは尊敬の眼差しが注がれた。一件落着となった訳である。

でもちょっと待てよ、と吾輩は思ってしまうのである。

確かに、窮地にはまり込んだ子鹿は救われた。そのままであれば自力で抜け出すことは難しかった。無闇に暴れ続ければ、腰の傷口は広がり体力も弱っていく一方だったことだろう。そんな状況下、最少のダメージで子鹿を解放した二人組の技は、賞賛に値するものであったろう。愛護団体に連絡した寮生も、問題解決に向けて努力したと言えよう。でも、待てよ、と吾輩は鹿の立場から考えてしまう。どうして子鹿はそんな窮地に追いやられたのか？

そこに門扉があり、その隙間では通り抜けることが出来ないことを、吾輩ら大人の鹿は子鹿に対して噛んで含めるように教えておくべきだった、と反省すべきなのだろうか。それとも、どうしてそんなところに門があるのか、建物があるのか、人が住んでいるのか、と考えることは出来ないのだろうか。

吾輩ら鹿は、柿ノ木寮にも近い神社から、神の使いとして指名されている。とするなら元のお社があった常陸《ひたち》の国から、ここまで神と共に移って来て吾輩らも住み始めたことになる。それまでこの地では鹿と人間の接触機会がなく、人間の生活圏で鹿が事故に巻き込まれることもなかったはずだ。ところが、鹿と人間の接触機会は増え出した。その切っ掛けの一つは、神の使いと見なされたことにある。それにより、鹿が人間よりも大事に扱われ、人間の子どもの命が代償とされたという故事もある。また、農作物を荒らす害獣と見なされることもある。両者の接点には、簡単に割り切れない悩ましさがつきまとう。

この門扉事故は、寮生の素《す》っ頓狂《とんきょう》な叫び声に子鹿が驚き飛び跳ねたことが端緒《たんしょ》となった。悪意はどこにもない。だが、その状況は罠《わな》を仕掛けた狩りと変わりはないのだ。そのことへの気付きが、寮生達に生まれるかどうか、鹿としてはそこが注目点になる。

寮生達が、鹿である吾輩らをどのように見ているかについては、次のような好例をお示し出来よう。まだ入寮して日が浅い新人君が先輩寮生に尋ねた質問が切っ掛けであった。「先輩、疑問なんですが、観光客から鹿煎餅《しかせんべい》をもらっている鹿は愛想が良いのに、どうして寮で見る鹿は無愛想なんですか?」

街中のお寺の境内や、その階段下の池の周りには日がな一日観光客が行き交う。そしてその辺りは、吾輩らにとっても毎日の出勤場所のようになっている。そこでの鹿は、確かにお辞儀を繰り返すようにしては、差し出される鹿煎餅をたいらげている。その様子を見て、新人君が「愛想の良い鹿」がいると思ったのも無理はない。一方、寮で見かける鹿は、お辞儀を繰り返すどころか寮生に一瞥《いちべつ》もくれずに草を食《は》む。これを「無愛想な鹿」と感じるのも仕方あるまい。

寮生の誰もが一度は抱くこの疑問。期せずして大問題となり、寮内各所で議論され、二週間ほども経ったある夜のこと。新人君の寮室に集まっていた数名が、ある結論にたどり着いた。――二種類の鹿があるのではなく鹿は同じだ、という単純なことだった。寮で孤高の吾輩を見知っている寮生が、偶然観光客の前で愛想良く首を振っている吾輩の姿を見たのだ。「鹿は時に愛想良くする」と彼らは結論付けた。ではなにゆえに鹿の態度は逆転するのか、と次に彼らは考えた。その結論もしごく単純だった。鹿に種別は無かったが、人間に種別があったということ。つまり愛想の良い人間と、そうじゃない人間が居るということ。もちろん前者が観光客で、後者は寮生となる。

しかし、ここまでの理解ではまだ足りない、と吾輩は思う。その本質に寮生達はまだ気付けないでいる。実に歯痒《がゆ》いことである。もっとあからさまに、彼らに吾輩らの思いを見せつけるべきなのかと悩んでしまうところなのだ。

寮生達の結論では、愛想良く観光客の前でペコペコ頭を振る鹿であっても、無愛想な寮生の前では知らん顔をする、と説明されている。この論理展開では、吾輩ら鹿の振る舞いは、人間を主体にした環境に左右されている訳だ。そういう見方は、やはり人間の限界なのだと思う。多くの点で柿ノ木寮の住人達は、一般の人間達の振る舞いからかけ離れた過激さを示すことが多いが、このような問題で鹿の思考をなぞる際には、やはり人間寄りになってしまうのだろう。まぁそれは決して恥ずべきことではないのだろうが、少し寂しく感じられるところだ。

ではどうして「ペコペコ」と「知らんぷり」を吾輩ら鹿は使い分けるのか。その理由は「学習の結果」である。鹿が人間の種別を学習した結果、という意味では無い。逆に、鹿が人間達に学習させた結果の違い、という意味である。それはどういうことか。まず、ペコペコする鹿を見た人間の中に餌を与える行動を学習出来る人間が居るという事実。逆に、鹿が何度もペコペコする姿を見せても一向に餌やりを学習しない人間達も居るという事実の結果なのである。あくまでも鹿の方から主体的に状況を作り出している点は、決してゆるがせに出来ないのである。

教育可能な場所や相手の場合にだけ、吾輩ら鹿はペコペコと「餌やりの関係」を教え込んでいる訳である。柿ノ木寮の寮生達が、教育するのに適さない訳では無い。ただ学習を強いてしまったら、寮生が差し出した物を鹿は食べなくてはならなくなる。それが学習の成果、というものだからだ。しかし、その「差し出された物」が何であるかを、吾輩らは吟味し尽くすことが出来ない。そして、餌として差し出す物にも事欠くような貧乏寮生が居るという事実もある。鹿と寮生の間には、もう一段さらに踏み込んだ因縁もある。それは例えば、「火祭り事件」として吾輩らに記憶されている出来事の中に、その関係性を見ることが出来るはずだ。

では「火祭り事件」と呼ばれるようになった件の顛末《てんまつ》とはどのようなものか。事は新聞室から始まった。柿ノ木寮ではみんなの寮費の中から新聞を何紙か購読していた。どの新聞にするかは、時に議論になることもあったが、新聞購読を止めるという話になったことは無い。そこら辺には多少の見栄っ張りが含まれているのかもしれないが、まぁ大学生なのだから新聞ぐらい読むべきだと考える良識派が寮生の中に一定数居る証拠なのであろう。しかし、その新聞の整理は極めて乱雑であった。

新聞を備えている部屋は出入り口に近いせいもあって、吾輩ら鹿も時々入り込むことがあった。夏の間は特に玄関や中庭通路の戸が開け放たれていることが多かったので、入りやすかった。そこにきて吾輩ら鹿にとり、紙は食べ物でもあるのだから、食事のつもりで新聞を齧《かじ》ったりもするのである。そんな風なごく日常的な情景の中で、ある牡鹿が新聞を齧《かじ》っていた。「おお、また食べている」、と見過ごす寮生も多い中で一人、多田という寮生が新聞をくわえたままの鹿を追い出しにかかった。新聞と同じように床に投げ出されていた長柄の箒《ほうき》を振り回し、彼は牡鹿を中庭に追い立てた。

後日談としてその時の牡鹿に聞いた話だが、「どうしてしつこく追って来るのか」とその時感じたそうだ。吾輩ら鹿はセルロースを分解消化出来るが、そのためにはよく噛まねばならない。当然、牡鹿は何度となくもぐもぐ繰り返していた。その口から伸びていた食いさしの新聞の先に、その多田という寮生は手持ちのライターで火を点けたのだ。火を見て驚くよりも、何故そんなことをするのか、とその牡鹿は不可解な謎に囚われてしまった。火はしだいに燃え進み、牡鹿ももぐもぐ食べ進めたので、火は顔に接するまでになった。牡鹿は後ろっ跳び逃げ出した。落ちた新聞紙が他に燃え広がらなかったことと、牡鹿にも怪我がなかったことで、事態は収束した。だが謎は残る。多田くんの意図は何だったのか？　鹿はどう対処すべきだったのか？　と。

吾輩ら鹿の間に、その「火祭り事件」はすぐに伝わり、その後しばらくの間、柿ノ木寮に出入りする鹿は居なくなった。そのような決定を誰かがした訳ではなく、自然にそういうことになった。そう、吾輩らは自然に生きている訳だ。人間は時に「自然と（共に）生きる」などと言ったりするが、吾輩らの立場との違いは大きいように思える。

さて、鹿が出入りしなくなった柿ノ木寮は、どうなったか。簡単に言えば、草が伸び放題になり、新聞は散らかし放題になった。人間達が「ディアーライン」と名付ける鹿の摂食による下枝の刈り込みもなくなり、下草も生え放題で寮の中庭は荒《すさ》んだ景色に変わり果てた。吾輩らが好んで齧《かじ》っていた柿の木などは、きれいに刈りそろえられるはずの下枝に葉っぱが茂っていた。ボイコット状態を目にして、寮生達は自業自得を観念しただろうか。

そそもの原因を作った寮生の多田くんだが、その後に他の寮生から特別視されたり、避けられたりした様子は無かった。そこら辺の寮生らの感覚には、吾輩らも学ばされた気がする。彼らは、むしろそれまで以上に多田くんに声をかけたり、買い物に誘ったりなどしていた。彼が何か心の重荷を抱え込んでいる、と寮生達の勘が働いたということなのであろう。そんな健《けな》気《げ》な寮生間の計らいを目にしてからは、吾輩らも元のように寮に出入りするようになった。たちどころに中庭はさっぱりとした風情に変わった。

前の説明で「鹿はセルロースを分解消化出来る」と話したが、厳密には消化管の微生物が分解している。鹿身中の微生物である。思うに、寮生達と吾輩らとの関係も持ちつ持たれつなのかもしれない。少なくとも、寮生達は仲間を排斥しようとせず、もたれ合うことを選んだ。もたれ合うにも決意がいることだろう。それは微生物にとって居心地の良い腸内環境を整備するために、鹿としても心穏やかな時間を作り出そうとする努力とも通じるものだろう。「寮生なかなかやるわい」と、吾輩は密かに感心しているのである。

第二話　干渉する鑑賞

私鉄の駅から東の山に向かって連なる緑の帯。国指定の名勝となっている公園の緑が、そのまま原始の森と一体化しているというのは、世界的に見ても珍しいらしい。三十六万人ほどが住む都市の間際に、原始の森が保存されて来たのは、神域として手付かずにされて来たからだ。そういえば世界遺産に登録されてもいた。単に自然が珍しいのではなく、そこを結果的に残した文化的な歴史や人々の意識が珍しいからなのであろう。利用しない、という利用方法が、かつては存在したのである。

その世界遺産をテリトリーとしている吾輩ら鹿は、平気で遺産を闊歩《かっぽ》し、頓着無しに糞《ふん》を撒《ま》き散らしている、世界的に見ても希少な存在と言えるだろう。だから、少しは観光客に愛想良くしようと、鹿煎餅ねだりのお辞儀や、ホルンの音に反応したように見せかけて原っぱに集まったりしているのである。とは言え、吾輩ら鹿は決して飼育されているのではなく、野生動物なのである。そのことは、人間から見るなら些細《ささい》なことかもしれないが、鹿から見ると重大な違いなのである。

そうした、どちらの側に立って見るかによって、大きく印象が変わる出来事は、世の中にたくさんある。柿ノ木寮は、寮生側から見るなら、いかにも繊細な心遣いを発揮しての洗練された日々を積み重ねている、となるのかもしれない。しかし、吾輩ら鹿から見るなら、油断も隙もない連中が住まう場所（例えば、火祭り事件を思い出してほしい）でありながら、不思議な魅力で引き付けられる所なのである。もう一つ、柿ノ木寮を見る別な見方があった。それは、寮の裏道を通って原始林の際まで歩いて行こうという観光客の見る、柿ノ木寮の印象であった。その印象を形成する上で、大事な作用を為していたのが、実は、裏道に面して寮の敷地を囲う柵であった。その鉄柵の上の忍び返しが内側に牙を剥《む》いていたのである。どう見ても内部からの脱柵を阻止している図だ。何故そうなのか。

柿ノ木寮の建つ辺りは、大きな門構えの家が並んでいるような住宅街である。何をもって高級と見なすかには異論もあることであろうが、まぁ高級住宅街と呼んで差し支《つか》えなかろう。原始林に連なる森の際に閑静な佇《たたず》まいを見せている。一三〇〇年ほど前には、近くのお社に仕える神官らの住宅が並んでいたという。そんな上品な雰囲気の中にあって、ひとり柿ノ木寮だけが野趣をかき立てる存在感を示している訳である。

それは取りも直さず、吾輩ら鹿にとっては、森の延長のように立ち入りやすい場所を意味した。柿ノ木寮は、鹿にすれば街中に張り出した森の一部であった。他の家々は、一日を通して物音など聞こえようもない静謐《せいひつ》さを湛《たた》えているが、柿ノ木寮だけが人の気配を発して賑やかだった。特に、新聞室から電話の呼び出しをする放送が、その独特の口調と相まって特定の印象を与える。間延びした名前の連呼は、どんなに天才的な輝きを見せる美少年であっても、眠たげで凡庸な人物像に変えてしまう。それは決して悪意があってのことではなく、賢《さか》しらさに溺れそうになる年頃への見事な牽制球となっていたのである。

昼間のひと時、寮生の多くが授業に出払ってしまい、急に静まる場合もあった。それでも自主休講を決め込んだ者や、長老の中の一年間に二つほどしか受講してない者が、寮には残っていた。彼らは、昼下がりの物憂さを、行き来する観光客見物で紛らわしたりするのであった。観光客は、何かを観にやって来る客人であるが、その観光客を見物する者が寮には居た。北寮側の道は、昔からの道でそのうねり方が歩くのには心地良い。鹿にも心地良いのであるから、人間にも同じであろう。観光客の中でも上級者がよくその道を使った。何をもって上級者とするかには異論はないであろう。きちんと下調べをして、しかも徒歩で寺社巡りなどをする人々のことを意味している。そういう上級者であっても、柿ノ木寮のことまでは調べ切っていないことがほとんどであった。

「これは何の建物かしら」などと道行く観光客らが会話する。柿ノ木寮の北側の道からだと、二階建て三十メートルほどの長さの北寮と旧玄関が見える。旧玄関は、寮の南側に観光道路が通されるまで使われていた。落ち着いた意匠の明かり採りの窓が配され、出張った屋根は入母屋風で、そこはかとない気品を漂わせる造りだ。車回しのような階段が設《しつら》えられた中の花壇には、桜の木が植えられ、鉄扉を備える正門と相まってなかなか重厚な存在感を示していた。

柿ノ木寮がこの地に新築された頃は、旧制の学校が北西方向の県庁横にあったので、そちらに正対した建て方だった。それが今では、かつての旧陸軍連隊跡地、戦後しばらくの間は進駐軍のキャンプだった所に大学のキャンパスが移転したので、柿ノ木寮の人の出入りは昔の裏門側になってしまった。正門と玄関はすっかり忘れられた存在になっていた。そこがまた、吾輩ら鹿にとっては居心地が良くて、人通りもまばらなこの辺りを好む仲間の鹿は多かった。

鹿だけが好んで集まるのかと思えば、寮生の中でも存在を忘れ去られたかのような長老が、よくこの玄関まであぶれ出て来た。その中で常連と言えば、動物好きの須川先輩であった。そしてこの先輩はパンツ姿が普段着で、その恰好《かっこう》のまま玄関横で読書にふけったりするのである。

「何か、療養所か何かのようよ」と観光客の一人が答えた。「だって、下着姿の人が居たわ」。須川先輩に、服を着てもらうための請願活動が寮内で始まることになった。

たまたま北側の小道を歩いていた寮生が居て、観光客の会話を間近に聞いてしまった。連れ立って歩く若い女性の二人連れが前を行く。一人が「療養所か何か」と言ったのに対してもう一人が返した言葉に、その寮生は衝撃を受けた。「それより何かの収容所だと思うわ。だってあのフェンスの上、爪が内向きになっているでしょう。あれは内側の人間を外に出さないためのものよ」、ガ、ガーン。

柿ノ木寮の北側に内側を向いてバラ線を張ったフェンスがあるのを、その寮生も気付いてはいた。しかし、その事実から、その建物が収容所に結び付けられるとは思ってもいなかったのである。かなり上級者とおぼしき二人連れの会話は続いた。

「そうね、病気か何かで隔離されているのかと思ったけど、あんな下着姿でうろうろするのは、社会常識からはみ出た振る舞いで収容されているのね、きっと」。

その発言にたじろぎ立ち止まってしまった寮生は、二人が遠ざかるのをしっかりと見届けてからも、そのまま北門を入るのは憚《はばか》られて、来た道を戻って南門から寮に入った。それからの彼は、寮内で自分の体験を語り、その問題の大きさをアピールし、賛同者を増やして、最後には長老の須川先輩に、パンツ姿のままで寮の外に出ないでほしい、と懇願したのであった。

人間が服を着る存在であることを、吾輩ら鹿も知っている。しかし、服を着ないからといってもそれが人間でないと思う訳でも無い。服を着ているかどうかよりも、吾輩らを追いかけ回すかどうかの方が、鹿にとってはより大きい関心事であるからだ。寮の中に、着衣の常識に拘《こう》泥《でい》する輩が存在することを先輩は悲しんだ。

パンツ一枚の姿が周囲に不快感を与えるのかどうか、それは見る側の心がどこまで解放されているかに依るのだ、と積極的に須川先輩を支持する勢力があった。柿ノ木寮生が、寮の中を歩き回るのに、どうして周りの目を気にしなければならないのか、との主張には世にはびこる管理的で人間味の薄い外面大事の風潮に抵抗しようという勢いがあった。一方で、何もパンツ一枚が全面的に悪い訳ではない、と対する良識派は切り返した。自分の部屋とか、廊下ぐらいなら好きなだけパンツ姿を楽しんでくれて結構だ。しかし、寮の建物を出て、特に北寮の北側をうろつき回るのだけは自制してほしい、との限定的で常識的な規制であることをアピールした。

吾輩ら鹿にすれば、服を着た経験が無いので、どうも両者の対立点がピンと来ない。どちらもパンツの着用は前提になっている訳なのだ。そもそも、一方の論旨に、「服を着るのは生き物としての退廃の第一歩である」とあり、「つまり、オールヌードこそが人類の真の解放を実践するものだ」などと主張するのであるなら対立点は明確となる。そこまでの主張が無いのだから、いずれの意見も実に中途半端に聞こえるのだ。ただ一人須川先輩だけは、もしかすると心の中で、そんな過激なことまで考えていたのかもしれない。そう思わせるだけの、鹿っぽさを彼に認めることが出来るからだ。

パンツ一丁の姿は人間生活の常識から外れているかどうか——の議論はついに、寮生会議の議題に上ったのであった。規制派が切実な思いで訴えかけた。「寮の評判が落ちると、存続の危機さえ招いてしまう」と。柿ノ木寮危うし、である。


柿ノ木寮が存在するのは、そこに寮生が居るからだ、と考える一派と、柿ノ木寮が存在するから寮生で居られるのだ、と考える一派が寮生会議で持論を展開した。人間が生きるとは？——公共の秩序とは？——外部評価で性格をゆがませて良いのか？——などが熱く論じられた。議論の応酬は続いたが、須川先輩は一言も発せずに話を聞いていただけだった。

おずおずと挙手して話し出した一回生が、それまでの議論を一挙にまとめ上げた。「この寮が無くなってしまうと、自分の生活は維持でけんようになって、大学も辞めなあかんようになります。もし、寮の評判が存続に影響するというなら、何とかこらえてもろて、評判を落とさんようにしてもらいたいです」と、最後は誰に言うともない呟《つぶや》き声になっていた。そうなのである、柿ノ木寮は苦学生の最後の砦だったのである。

外聞を気にしていたら糞もひり出せぬ、と吾輩ら鹿は所構わず脱糞する。若い鹿の一部は、「お下品に過ぎるから、せめて観光客の前だけは我慢する方がいいのではないか」などと言い出し始めているようだ。しかし、それは大きな心得違いだ。吾輩らの糞が、特定の場所から消え去ればその場の植物は栄養を失う。逆に特定の場所だけで糞が山盛りとなるなら、それは公害問題になる。便意は神の差配なのである。かと言って無見識ではない。

柿ノ木寮の評判を気にして寮生の行動が制限されるものではないと、寮生全員が確認した。寮生が寮存続の意思を寮内外に示すのにも、それ相応の敬し方として着衣を選択するのである。須川先輩も彼の支持派もこれには納得した。以後先輩のパンツ一枚姿は無くなった。がしかし、パンツの上にタオル一枚巻くようになった姿は、かえってセクスィーさを醸《かも》し出すことになり、女性観光客以外からも熱い視線を浴びるようになってしまったのであった。

第三話　臨泊《りんぱく》の布団干し

古都を訪れる観光客は老若男女、実に幅広い。人種も多種多様で、紅毛碧眼《こうもうへきがん》から褐色の肌、胸毛も露わなおじさんも居れば透き通るような白い肌に細い金髪が揺れる少女も居て、それらみんなが鹿の糞の道を歩いて寺社巡りをするのだ。当然、日本の若者も混じっていて、中には貧乏旅行を長く続ける者も居る。そんな連中には、学生寮を渡り歩くという裏技が用意されている。

柿ノ木寮にも、臨泊室という部屋があって、その部屋に貧乏旅行の旅行者が泊まりに来る。四人定員の居室一室分が和室の造りになって畳が敷き詰められている。十畳ほどにもなろうか。そこに布団や枕の寝具が用意されているだけだ。もちろん素泊まりだけで、風呂も近所の銭湯まで行かなければならない。それでも、年に二十名ほどが季節を問わずに泊まりに来る。

部屋が一階にあるので、宿泊者が朝起きて吾輩ら鹿をすぐ目の前にして驚くことがある。また、そうして驚かすのを楽しみにして、若い鹿などがわざわざ臨泊室の窓の傍《そば》まで草を食みに行ったりもする。自分らの姿を見て驚く反応があると、鹿の側は満足するのだが、中には、じっと鹿が草を食べる姿を見続ける宿泊者もいる。その視線は、あきらかに羨《うらや》ましげで、その彼の空腹感が想像され、吾輩ら鹿としても切なさを感じることもあるのだ。

ある時は、その視線に単なる羨ましいだけではない、「これを喰ったら腹一杯になるな」という狩人の舌なめずりを感じて慌てたこともあった。若い鹿には、そういう経験が無いだろうから、頓着なしに近付いて行くが、臨泊には正体不明の放浪の達人が混じることを忘れてはならないのである。

臨泊の手続きは、希望者が寮役員に申し出て宿泊者名簿に書き込み、臨泊費を支払うことで完了する。役員が見当たらない時は、応対した寮生が代理で手続きをするか、取りあえず臨泊室に案内して後で寮役員が来るように手配する。そうすると、寮内に見知らぬ人物が歩き回ることになるのだが、たいていの場合、寮生らはその異なる存在に注意を向けない。寮生らが警戒するのは、見知らぬ客人よりも吾輩ら鹿が寮内に踏み入ったりすることのようだ。

ある時の臨泊者は、とても律儀な性格だったようで、寮の廊下を歩いていて出会った寮生に自己紹介をしていた。自分がどこから来てどこに行こうとしているか。何故この地に来たのか、何を見ようとしているのか、などを誠意を込めて話していた。話し掛けられた寮生の方が、その丁寧過ぎる挨拶に面食らっていた。そこには、その臨泊者が、自分は怪しい者では無いとアピールしたいという切実さがあったのかもしれない。

誰にしたところで、普段見かけない顔に生活場面で出くわせば、多少なりとも警戒するものだ。吾輩ら鹿なら行動範囲が限られていて、いつもは見知った仲間とだけの付き合いだ。せいぜい群れを追い出された乱暴鹿が、山越えをするぐらいなものだ。そういった遠来の鹿とは、さすがに緊張の出会いになる。柿ノ木寮内でも見知らぬ者同士の出会いがあれば、緊張が高まりそうなのに、何故かそういう場面に出会ったことが無い。これは柿ノ木寮生の大らかさの表れなのか、それとも単なる面倒臭さのせいなのであろうか。

柿ノ木寮内を臨泊者が歩いていても、寮生の側はあまり気にしていない。しかし、臨泊者の中にはそれが気になる人も居たようで、ある時、「自分が臨泊者であることを証明するようなカードやバッジなどはありませんか」と聞いて来たことがあった。「それを身に付けていると、自分は臨泊者であって怪しい者では無い、と説明なしに理解してもらえるので便利だ」というのである。「誰もあなたのことを怪しいなんて思っていませんよ」と寮役員は説明したが、相手は納得しなかった。それは別な寮で何か疑われるような体験があったということのようだった。

その時、寮に居た寮役員で相談して、その場で、仮の形だが臨泊者証を作ることにした。誰かがどこかのバイトでもらって持ち帰っていた名札入れがあったので、その大きさに合わせて厚紙を切り、そこに明朝活字体の文字を書き入れた。美術の専攻生が手書きした活字体は、芸術的だったのだが、後に別な誰かが宿直のバイトの際に事務室にあった和文タイプを使って活字を打ち込んだ文字に変えてしまったので、何とももったいないことになってしまった。

臨泊の手続きには、その臨泊証を相手に手渡す手順が加わることになった。その臨泊証には運営委員会の角印が押されていて、その朱色の印影のおかげで証明書らしく見えていた。その印鑑は大学の事務から委託され、寮運営委員会が管理していたものだった。何故、そんな印鑑が必要になったかというと、新聞室に置かれた公衆電話の設置場所を、大学が貸し出す手続きをするためだった。どうも、そのような細かい手続きが人間界では必要になるらしい。吾輩ら鹿には、必要に応じて一応の定めを持つことはあるが、定めの必要によって行動が制約されることは無い。人間とは、仕事を増やすことに充実感を感じる存在なのであろうか。


臨泊者が臨泊中に携えるネームカード状の臨泊証なる物は、臨泊者には安心感を与えることになったが、柿ノ木寮生には、特段の変化を与えなかった。というのも、以前から寮生にとって臨泊者の存在は日常的な風景で特に気にするようなことでもなかったからだ。臨泊が多いのは、柿ノ木寮のある地が国内有数の観光地であり、古都として名を馳せていたからである。この地に引き寄せられる心情について、自分達も遠方の地から集った者達だったので、柿ノ木寮生自身が長期の臨時宿泊者と言えたのかもしれない。

吾輩ら鹿は、生まれた地の近傍《きんぼう》で一生を終えることがほとんどだ。だから、柿ノ木寮生の出身地が、北は北海道から南は沖縄県に渡るということの実感に乏しい。一年の半分は雪を見て暮らす生活と、一生涯雪を見ることなどない生活をしてきた者同士が、同じ場所で生活を共にする、ということを大いに驚きながら見ている。そしてさらに、そうした生活感覚が大きく異なる人間達が、柿ノ木寮で暮らすうちに、しだいに一様な寮生気質を身に付けていくのは、より一層の驚きの対象なのであった。

一人の臨泊者が早朝に出発していった。臨泊室の窓の桟《さん》に臨泊証と手紙が置かれていた。一宿の恩義に謝する儀礼的な文に続いて、手紙にはこう書かれていた。「私が酒に弱いせいなのか、昨晩使わせてもらった布団で寝ていたら少々酔っ払ってしまったようです。ほろ酔いの無料サービス付きとは思っていなかったので、少し驚きました」。この文を読んだ役員と、その事実を知らされた寮生の多くは、臨泊室を酒盛りの場にしていたことを反省し、すぐさま布団干しを始めた。この時点で、動機は、勝《す》ぐれて善意に満ちていた行動であった。

元々臨泊室の寝具は、最初から用意されていた物ではなかった。卒寮生が不要な布団を、置き土産として寄付した物がほとんどだ。時にはまだ新品に近い布団などが寄付されると、目ざとく見つけた寮生が自分の物と勝手に取り替えたりもしていた。そういう自己利益に関わっての関心の高さはあったのだが、それ以外での、例えば保存状態のチェックや洗濯などのメンテナンスを気にする寮生は居なかった。

担当の役員は厚生委員となるのだが、彼らは気が向いた時に布団干しをするぐらいだった。寮の飲み会があって、酔っ払って暴れ出したりすると臨泊室に運び込まれたりする。そうなった翌朝の片付けを役員達は受け持っていた。臨泊者が布団の酒臭さを皮肉まじりに書き置いたというのも、当然のことであった。

それで布団干しされたのは良いのだが、次はそれを取り込まなければならないはずなのに、柿ノ木寮生らしいというか、いつも後始末が忘れられてしまう。吾輩ら鹿が中庭で草を齧《かじ》っていた時、臨泊の布団が急な雨に濡れ始めた。早く取り込まなければ、と吾輩らは何度もキュィーキュィーと鳴いたのだが、寮生が出て来る気配は無かった。おかげで布団は濡れる一方だった。

物干場に架けられたままの布団は、その後さすがに気にする寮生が出て来て厚生委員のところへご注進に及んだ。委員は、「分かっている、もう少し辛抱してくれ、布団洗いの代わりなんだ」と言った。今度乾いたら、きちんと取り込むというのだ。そしてそれは実行された。それまでの布団が、酔っ払いそうなほど酒臭かったのが、今度はどことなく雨臭くなった。その匂いの一部には、吾輩ら鹿の気配も混じっているように吾輩は感じている。

第四話　耳にダニの話

柿の葉寿司という名物があってお土産品として観光客には人気だ。みんな、食べる時には丸ごと葉っぱも食べていると思っていたのだが、どうやら違ったらしい。人間には、柿の葉が口に合わないというのか。それでも中には葉っぱごと食べる御仁もいるようで、そういう話を聞くと吾輩ら鹿としても親しみを感じてしまう。

それにしても、桜餅などなら多くの人間は葉っぱも食べるのに、どうして柿の葉は食べないのだろうか。鹿にすれば柿の葉こそが魅力的で、むしろ包まれている中身よりも食欲をそそられる。柿の葉がちぎられ、それを吾輩らの目の前で振られでもしたなら、もうそれだけで突進して行ってしまう。それが発端となって柿ノ木寮生達とは何度もトラブルが持ち上がっている。柿ノ木寮にある中庭の柿ノ木は、そんないくつもの場面に立ち合って来ているのだ。

夏の暑さに上半身裸になって中庭をうろつく寮生、今尾くんはその夏の初めにバイクで転倒し怪我をしていた。左半身の曲がる所全てに擦り傷や切り傷が出来た。骨盤の出っ張り部分の横腹は、傷口が大きくて縫合《ほうごう》したばかりだった。バイトに行くにもバイクに乗れず、帰省の予定も中止となった。痛み止めや化膿止めの薬を飲むために、三食何かを用意するだけが日課のような暮らしぶりだった。そこで目を付けたのが柿の葉だった。

中庭の木から柿の葉をちぎり取り、それを鹿に与える。それだけなら、今までもしていた。新しいことを何かしてみようと始めたのが、鹿に芸を仕込むことだった。彼が無聊《ぶりょう》を託《かこ》っていたのと同じように、鹿の中にも暇を持て余す輩が居た。両者の出会いがあって、やおら柿の葉ゲームが始まったのである。


鳥の中でもカラスは賢くていたずらもよくする、などと言われている。堅い胡桃を殻ごとわざと道路に落とし、そこを通る車に轢かせて中身を食べる、という行動を見せるらしい。同じことを海辺のカラスは、貝の殻割りで実行するらしい。吾輩ら鹿から見てのカラスというのは、それほど賢くはない。何故なら、カラスが利用しているのは、人間が普段する行動でしかないからだ。吾輩ら鹿の中には、わざわざ人間に行動を起こさせ、鹿のために利用しようという手練れが居るのである。

たいていの草を鹿は食べる。中には苦手な草もある。アセビは鹿も食べない。そのせいで、アセビが繁茂する森が出来て、〝ささやきの小径《こみち》〟と呼ばれていたりする。一方で柿の葉は好物である。しかし、その木は背が高いので、下の枝の葉っぱしか食べられないことが多い。後ろ脚で背伸びをしても、届く範囲は限られている。そこで人間の手を借りる算段をする鹿が出て来る。つまり、人間に対して、鹿のために柿の葉をちぎり取るように仕向ける技を発揮しようとする訳だ。そこまで見込んで行動するカラスは居ないのである。

バイクの転倒で左半身傷だらけになった今尾くんは、夏休みなのに柿ノ木寮に軟禁状態となっていた。鹿に芸を仕込むことで時間つぶしを考えた。その意図を逆手に取った若鹿が居て、芸をする振りをしながら、彼に柿の葉をさんざんちぎり取らせることにした。今尾くんがどこまでの芸を考えていたのか定かではないが、鹿の背に乗るぐらいまでなら、その若鹿は想定していたのかもしれない。最初は頭を撫《な》でる芸から練習は始まった。

自分の体を別な生き物に触らせる、という状況とは、両者に特定の関係が成り立っていることを証明している。多くの場合、それは好ましい関係と考えられる。ただし、その好ましさは相互に感じられているものか、または一方だけが感じているものかで、大きな違いがある。今尾くんが鹿を触ろうとした場合、彼にすれば親愛の情を示す目的だったのであろうが、触られる方がたとえ静かに触られていたとしても、そこに親愛の情を感じていたかどうかは、必ずしも自明なことではないのである。

ここでその若鹿としての才能に言及しておく必要があるだろう。鹿にしてみれば、人間を利用して柿の木の上の葉っぱまでをちぎり取らせようという目的がある。そのためには、人間に柿の葉をちぎり取らせることが愉快である、と思わせなければならない。そのためには、葉っぱを喜んで食べる自分の姿を見せ付けて、ちぎり取る動機付けを強固にさせる必要がある。とすれば、人間が気を良くして自分の体を撫でようとするのを、認めておいて損はない。と考えられる鹿だけが、柿の葉を存分に味わえるのである。これは、鹿としての新しい才能である。目的のために、自分の感情、つまり触られるのが嫌だ、怖い、不快という思いを意志で乗り越えられるかどうかは才能だからだ。

柿ノ木寮生の中には、鹿との悶着《もんちゃく》をレクリエーションの一つぐらいにしか考えていない輩も居る。それにまつわるあれこれは、枚挙《まいきょ》に暇が無い。しかし、寮生と鹿の関係に新しく、芸を仕込むという新境地が展開されるようになるのかどうかは、今尾くんの軽率さと、若鹿の作戦が相乗効果を呈し、化学変化を起こす必要があった訳である。

バイクで転《こ》けて左半身が包帯だらけになっていた今尾くんは、動かせる右側だけを使って柿の木から葉っぱをむしり取って鹿に与えた。いつも同じような時間帯に葉っぱを与え続けていると、彼の生活ぶりが少しずつ規則的になって来た。これは、思わぬ良い効果を見せた。バイトも休まざるを得ず、帰省の予定も中止になり、何の予定もなく夏休みを過ごすとなれば、自堕落な生活がほぼ確定していた。なのに、鹿の餌付けが日課となって生活にリズムが生まれた訳である。

鹿の方でも心得たもので、いつもの時刻に顔なじみが集まるようになった。その中でも一頭の若鹿が積極的に今尾くんに反応した。大げさに頭を下げたりして、柿の葉をほしがっている風をアピールしたのである。こうしたあからさまな態度に、眉をひそめるうるさ型もいた。媚びを売る態度が情けない、と長老鹿たちが嘆《たん》ずるのである。でも、吾輩ら鹿にしても、人間との交流無しでは生きていけないのだ。生活の場を分かち合っている現実があるなら、それをよりよい関係にしていく努力は褒められこそすれ貶《けな》されることではないはずである。ましてや、柿ノ木寮生との関係である。彼らを善導していくのは、吾輩ら鹿にも責任があるのである。

その若鹿の様子を見ていて、真似をし出す鹿も増えて来た。最初は遠巻きに見ていただけだったのが、自分にも柿の葉を食わせろ、と遠慮を見せずに近寄って行くようになった。そうした変化は、他の寮生達にも気付かれるようになり、今尾くんが寮の中庭に姿を見せる時間帯になると、鹿だけではなく他の寮生達も集まって来るようになってきた。今尾くんは、一層華麗な芸を披露したいと思うようになっていった。

ある時、今尾くんが近くに居た一頭の鹿の背中を優しく撫《な》でた。その鹿はおとなしく触れさせた。その様子を寮の二階から見ている他の寮生も居た。今尾くんは、今度は手を鹿の顔にもっていき、目の上から眉間にかけて撫で始めた。これにも鹿はおとなしくしていた。次にどうするのか、二階の寮生達は期待を込めて今尾くんの行動に注目した。もしかしたら、そのまま鹿の背中に跨《また》がるのではないだろうか、などと想像したりもした。

ところが、今尾くんはその鹿から離れてしまった。少し離れた所に自分で運んで来ていた折り畳みのデッキチェアに座り、包帯と絆創膏の左半身を日光にさらして動かなくなった。何が起きるのだろうか、と期待していた寮生達から落胆のため息がもれた。一人の寮生が気になったらしく、今尾くんが長まっている所まで行って声を掛けた。「なぜ諦めたんだ？——あのまま鹿に跨がるのかと思っていたのに」。

どうやら大きな勘違いがあるようで、吾輩ら鹿も大いに困惑している。鹿に跨がってこの地に神がやって来たという言い伝えのことだ。神様にまつわる話なら、多少大げさになっても仕方ないが。しかし、基本的に鹿は自分の背中に誰かを乗せるのを好まない。馬や牛が人間に飼い慣らされる道を選んだのは、その利用価値があると人間に思われたからだと人間は思っているだろう。しかしそれは違う。馬や牛や象が人を乗せるのは、それを好んでいるからだ。吾輩ら鹿は、それを好まないのである。人間ではなく、こちら側が選択しているのである。

今尾くんが鹿に乗ることを望んだとしても、鹿は許さなかったであろう。でも、今尾くんは鹿の拒絶に諦めたのではなく、別な理由で止めたのであった。その説明が、今尾くんからその寮生に語られた。

「自分が鹿に跨がったところを想像してみたんだ」と今尾くんが言った。普段からバイクに乗っている感覚で言うと、足下のステップと手にハンドルがほしい。ステップは難しいので諦めるにしても、両手でつかまるための何かがほしい。それなら耳の根本にしがみつくしかない、と考えたらしい。「それで鹿の耳を見たら、そこがダニだらけになっているに気付いて、急に意欲が消え失せてしまったんだ」と今尾くんは語った。

そうなのである。吾輩ら鹿の耳にはよくダニが食いついている。体の他の部分なら、毛深さのおかげでダニが皮膚まで到達することは出来ない。だからといって、同じ仕組みで耳にも剛毛を密集させたら、音が聞こえなくなってしまう。それでは耳の存在意義が無い。確かに耳のダニは、吾輩ら鹿の存在論的大矛盾課題なのである。

もし今尾くんが、目の前の鹿の耳のダニを確かめることなく跨がろうとしたなら、その鹿は彼をおとなしく乗せたのかどうか。今尾くんが、これまでその若鹿に柿の葉を与え続けていた恩義を若鹿が感じて、彼が自分に芸を仕込むことを受け入れたのであろうか。難しい問題である。たぶん、実際にそうした場面にならなければ、何とも言えない。柿ノ木寮生との間合いの取り方に、特別な思い入れを持つ鹿は、たいへん多いのであるから。

「牛耳るって言葉があるけど、では君は、鹿耳ることが出来なかった訳だ」と聞き手の寮生が問うた。今尾くんは「ろくじる」の発音に最初は怪訝《けげん》な表情を見せたが、すぐに得心して、「そのとおりだ」と答えた。「鹿耳ることが出来るのは、神様ぐらいだろう」と続けた。神様なら、鹿の耳のダニを一切気にしないでいられるかもしれないし、神様の前なら、ダニも遠慮して耳から落ちるのかもしれない、と二人は想像したのであった。

第五話　春雨でも濡れたくない

新入寮で柿ノ木寮に暮らし始めた四月早々の頃、新人くん達はまず先輩らの部屋回りを体験させられる。主に二回生が連れ立って酒瓶を片手に持ち、夜な夜な新入り寮生の部屋を訪ねて歩くのが部屋回りだ。一升瓶に湯飲み茶碗が定番だが、時にはそれが本場薩摩仕込みの焼酎になることもあったし、安物のウィスキーになることもあった。要するに手近にあった飲み残しである。新人としては喜ばしからざる歓迎の場合もあったが、それでも表向きは礼を述べて形だけでも湯飲みに口を付けたりしたものだ。

そんな野蛮さを絵に描いたような歓迎方法に対して、真っ向から反駁《はんばく》する新人もたまに現れたりする。現役入学なら年齢的に飲酒は禁止されているではないか、という論旨は、きわめて明快で先輩らにも抗論の理はない。もとより、論理で割り切れる行動ではないことを先輩らは自覚していた。だから、後輩になり立ての新人から、「酒を飲ませるのは違法だ」と追及されれば、「それはそうだ」と応えたことだろう。そこにあるのは、自分らは前の年に、こうして歓迎された。だから、君らも同じように歓迎してあげよう、という情の世界があるだけなのだ。

こうした前から受け取って後ろに渡す、という点では、吾輩ら鹿は寮生との間に違いがあると感じている。何せ鹿には、特別に受け継ぐべしといった振る舞いが無い。以前どこかで長老鹿がしたことを覚えていれば、それを真似するだけだ。まぁそれでも何となく群れが維持出来ているので、大きな問題では無いということだ。まして柿ノ木寮生が、受け継ごうとしている内容も、有っても無くても良さそうに思えることばかりだ。だからと言って、「部屋回りなど止めてしまえ」と言う主張には、先輩らの多くはためらいを覚えてしまうのであった。

部屋回りの洗礼は、まだ手ぬるいと言えるのかもしれない。別に酒がらみの話とは限らない。先輩が後輩をあれこれ引きずり回そうとする蛮行が、柿ノ木寮には数々見られた。そのせいで早々に退寮を申し出る新入生も居たし、その蛮行の数々に逆に奮い立つ寮生も居た。夜中に新入生を連れ出して月下の塔を見せるために自転車を走らせる先輩も居たし、恋愛指南のお節介に入れ込んだ先輩も居た。かと言って、後輩がいつでも、被害に遭っていた訳でもない。古都に暮らすことの意味をあれこれ実体験出来たのは、やはり先輩のおかげでもあったからだ。

とは言え、夜中に寮に帰り着いた寮生が、月夜なのに雨粒なのか、といぶかる雫《しずく》を頬に受けるのは、喜ばしからざる洗礼であったと言える。北寮には立派な玄関があって、そこが古くは正面であったことを物語っている。その入母屋の構えの上に立つ先輩が、きざはしから階下に向けて放尿するのだから下を歩く者はたまったものではない。そんな事態への警戒心がない新人が、時として被害に遭うことになる。何の雫かと、気付かぬままの者も居たが。

吾輩ら鹿も、その現場に居合わせてあわや、という体験に肝を冷やしたりもした。多少の小便を浴びたところで鹿にとっての実害は無いのだが、精神的なダメージは大きい。周りから、「何だ。人間の放尿を避け切れなかったのか」と冷やかされることは、鹿にとってのプライドを大きく傷付けられることだからだ。


この先輩だが、奇行の主として勇名を馳せるあの須川先輩なのである。何度止めろと言われても子犬や子猫を飼い続けたり、パンツ一枚の爽快感を触れて回ったりする日常を生きていた。その彼が、遅くまで起きていると夜陰に乗じて二階の自室の窓から外に出て一階の屋根に降り立ち放尿に及ぶのである。「何故そんなことをするのか」と問う声があれば、「何故君らはそれをしないのか」と問い返したりする。山がそこあるから登るのだ、というのと同じ思いが彼の中に息づいているようで、それは本能のように、小便がしたくなりそうな場があれば小便が催される、と言いたげであった。

ある寮生は、そんな須川先輩の行動を、動物のマーキング行動として解釈していた。つまり、彼の行動の真意は、柿ノ木寮を自分の縄張りとして主張したい本能のせいなのだ、と言うのである。吾輩ら鹿にも縄張り宣言の行動が多くある。そのマーキング方法の一つに小便による臭い付けがあることは事実だ。しかし、そうした行動でも、他の個体に直接その臭いを付けてしまっては意味がない。あくまでも縄張りとは、空間の占有を主張するものだ。他の生き物を自分の縄張りと主張しても始まらないのである。

確かに須川先輩の部屋は、便所から遠かった。とは言え、だからと言って屋根からの放尿を公然と認める訳にはいかない、と幾人かの寮生が問題提起をした。その中には、実際に雫を浴びてしまった被害者も居たようだったが、それが誰であるか名乗り出ることなく、自分達の主張を寮生会議にかけようとしたのだ。

寮生会議ではこれまでも、議論のための議論と言われるようなたくさんの論争が行われて来た。簡単に結論に達せず、延々と議論が続くことも多かった。しかし、それはそういうものこそが寮生会議だと、柿ノ木寮生の多くは納得していた。であるからして、今回の北寮玄関屋根からの放尿の件も、議論のための議論になってもおかしくはなかった。ところが、「そんなことを議題にするのは無意味である」という議論不必要論者が現れた。これは、今までになかった出来事である。

主張したのは二回生でありながら、新入寮生として遇されていた天野氏だった。彼は一回生の間は自宅から通学していたが、大学に居る時間が長くなり、通学の時間が惜しくなったと言って入寮を申し込んで来た学生だった。大学に居る時間が増えたのは、ラグビー練習の長時間化と心理学専攻で実験レポート書きに追われるようになったからだ、と入寮選考で説明していた。寮役員は、「新歓行事が終わるまでのしばらくの間は、一回生と同じ扱いをされたりするが、それでも構わないか」と特に問いかけた。彼は「はい」と大きい声で答えを返していた。

こうした経緯があっての入寮だったので、最初の頃の彼は柿ノ木寮のしきたりを黙って味わっていた。しかしだんだん時間を惜しむようになって、放尿論議で会議が長引くのに懸念を表明した訳だ。吾輩ら鹿にも、始終忙しくしている仲間が居る。あっちで草を食み、こっちで脱糞し、そっちを見ていながら観光客が鹿煎餅を買うタイミングは逃さない。時間の無駄は罪悪である、と思う気持ちは分からないでもない、のであるが……。

「屋根からの放尿は、議論するまでもなく禁止されるべきものである。だとしたら寮生会議の議題にするのは無駄である。それより他の議論をするか、議題がなければ寮生会議を終わらせるのが筋だと思う」という天野氏の主張は、多くの寮生を黙らせた。放尿の主の須川先輩も黙りこくっていた。明白な正論が大道を歩き出したように見えた中、「正しいかどうかの議論だけでいいのだろうか」と一人の長老が呟《つぶや》いた。

「この会議は、正否を決めるだけの場ではない。ここではあらゆることがその意義を質《ただ》される。放尿に害を被った者が居る以上対策は必要であろうが、放尿そのものが絶対悪だと決め付けることに意味はあるのか。この世に絶対悪が存在すると言い切れるのか。自分にとって、『柿ノ木寮の夜は星空でも水気がパラつく』という教訓は既に当たり前のことになっている。被害の新入生にも、その境地に達する時期は来るだろう」。

吾輩ら鹿の中でも一度爪弾《つまはじ》きになった奴は、なかなか汚名返上が難しい。悪く見立てられると、その噂がずっとついて回るからだ。そうなる前に、爪弾きの原因になった出来事を、吾輩などが「実はあいつの本意はこれこれだったんだよ」などと他の仲間に解説したりする。悪行に見えたことにも言い分はあるものだから。

沈黙の議場に議長の声が響いた。「既に柿ノ木寮の夜と一体化した屋根からの雫事件は議題にしません。この件について、何か言いたい人があれば最後にどうぞ」。

須川先輩がおずおずと挙手をして、「これまでも心の中で言ったり小さく呟いたりしてたんやけど、これからは大きな声で言いますわ。ミミズも蛙もみな御免って」と言った。

これ以降の寮生は、北寮出入りの際、「ミ」の声を聞くやいなや瞬時に退避行動を取るようになった。どうしてその行動が必要なのかの原義が忘れ去られてしまっても、代々その退避行動だけは伝えられ続けているのである。

第六話　娯楽室のゴクラク

四月恒例の新入寮生紹介で、華麗にエアピアノを弾いた一回生が居た。氏名と所属などを自己紹介した後、一人一芸を披露するのが慣《なら》わしだった。出身地の民謡を歌ったり、自虐ネタの小話でそつなく終えたりする新人が多い中、その彼はショパンのマズルカ第五番を弾きます、と言うやいなやその場でピアノを弾く真似を始めた。指使いに合わせて口からは力強いメロディが流れ出た。演奏が終わると、見ていた寮生全員が惜しみない拍手を彼に送った。

実は彼の底力は、エアピアノの巧みさよりも、その演奏の三分少々を中腰姿勢のままで居たことにこそあった。それを見抜いた先輩らの幾人かは、彼を自分の所属部に勧誘すべく声を掛けたが、彼はなかなか簡単に応諾の返事をしなかった。そんな様子を見てから、今度は軽音楽部や管弦楽団の先輩らが彼に声を掛け出した。それにも彼は入部同意の返事をしなかった。体力的に高度な素質を持ち、一方で完璧な音程で口まね演奏が出来る音楽的才能もある、という異彩を放つ存在は、当然のように女子学生の関心の的になった。

吾輩ら鹿の中にも、運動能力が高いだけではなく、森の構造を立体的に把握し、しかも季節による変化も確実に覚えていてどこでどんな葉っぱが食べ頃になるかを予測する若鹿が現れたりする。そうなると、牝鹿は憧《あこが》れの視線を送り、その若鹿の後を付いて回るようになる。それが気に食わない若い牡鹿が、その若鹿に意地悪をし出すようになるのは、人間と同じようによくある話である。その永居くんも当然のごとくやっかみの対象になった。

柿ノ木寮での大きな決め事は、全寮生が集まる寮生会議で議論される。会場は食堂だ。その食堂の奥に、昔はガスコンロでも置かれていたであろうタイル張りの台があった。新歓行事で永居くんがマズルカを弾いたのは、その台であった。それまで、その台に注目する寮生など居なかったが、永居くんのパフォーマンス以来誰からともなく、マズルカ台と呼ばれるようになっていた。

マズルカ台を備えた食堂の隣室は、娯楽室と呼ばれていた。そこには古びたグランドピアノと、据え付けられたままの卓球台があった。ピアノは音楽科や小学校課程の学生の練習用だった。しかし、長い間調律されていなかったので、音に敏感な者はキャンパス内の音楽棟にあるピアノ練習用の個室に出掛けていた。永居くんの超絶エアピアノは知れ渡ったが、本物のピアノを弾いたらどうなのか、と何人かが彼にリアルピアノの演奏を求めた。冗談めかした言い方だったが、先輩らも混じって半ば強制的でもあった。見方によっては、いじめの一種と言えなくもなかった。

吾輩ら鹿には、こうした回りくどいいじめは無い。いじめが全く無いのではなく、いじめる場合は直接的だという訳だ。相手の進路を遮《さえぎ》るとか、後ろから急に追い掛けるとか、餌を横取りするとかを繰り返す。とても分かりやすい。だから、いじめられた側は、それに反発する機会を窺《うかが》える。いじめられた側が反撃すればたいていは収まる。永居くんは衆人環視の中でピアノに向き合わされることになった。反撃のタイミングはあるのだろうか。

金曜の夜だった。柿ノ木寮の食堂でその日の寮食を食べ終わった数名が、そのまま居残って薬缶の茶を飲んでいた。間もなく永居くんが娯楽室に来て、リアルピアノを弾く予定だったからだ。顔ぶれの中には、永居くんを勧誘して入部を断られた先輩も混じっていた。一人が言うには、永居くんはここのピアノでは練習した様子は無かったらしい。それなら音楽棟の練習室に行っていたのだろうか、と別な一人が問い掛けたが、誰もその答えを知らなかった。もしかすると、実際には全く弾けないと明かされることになるのかもしれない。それならそれで、一矢報いることも出来よう、と何名かは思っているようだった。

楽譜などを一切持たずに永居くんがやって来た。わざわざ集まってくれていることに、永居くんは素直に礼を言った。そこには、嫌みや皮肉が混じっているようには思えなかった。すぐに娯楽室のピアノの前に行き、「じゃ、せっかくなのでショパンの第五番マズルカ変ロ長調を」

と言って弾き出した。弾むようなメロディが躍り出た。聞き手の数名は、互いに無言で顔を見交わした。

吾輩ら鹿にも音楽好きは居るもので、中には特別ピアノが好きだという奴も居る。このミニ演奏会の際、ちょうど窓の外に居た鹿の中にショパン好きが居た。そいつの講釈を後から聞かされたのだが、永居くんは演奏を途中で止めてしまった。それには、もっともな理由があったというのだ。さらに止めてから、別な曲に変えて演奏を再開させたのだが、それにも同じ理由が関係していたという。

伴奏で弾くオクターブ下のツェーだかベーだかのキーがひどく音がずれていたと、そのショパン好きが教えてくれた。吾輩ら鹿の耳は、必要に迫られて結構鋭い。音の高低を聞き分けられないと、鹿同士の情報交換が出来ないからだ。つまり、人間なら音節を短く区切った構音で情報伝達するところを、鹿は比較的長く発音しその際の周波数で情報伝達する。だから鹿は音程に敏感だ。特に鋭敏な耳を持つそのショパン好きの鹿は、以前から娯楽室のピアノが鳴り出すと、そのずれたキーが叩かれないようにと切望するようになっていたそうだ。

リアルピアノ演奏を始めた永居くんは、問題のキーを一度叩いてずれの大きさに気付き、そのキーを使わない曲に変えることにしたらしい。そんな一瞬の判断に、その場で演奏に圧倒されていた一団は気付く様子も見せずに押し黙ったままだった。柿ノ木寮の食堂隣接の娯楽室には、その時芸術の香りが充満していた。居合わせた全員が惜しみない拍手を、永居くんに贈った。拍手はしばらくの間鳴り止まなかった。でも、その部屋の外で、演奏の曲目変更の理由を理解した一頭の鹿が賞賛の眼差しを永居くんに送っていたことを、寮生達が気付くことは無かった。

一矢報いるどころか、より一層打ちのめされた一団は、ピアノ話を早々に切り上げて、今度は卓球台に目をやって永居くんに卓球を誘いかけた。一緒にゲームをしようというのだ。それは賭けであった。ピアノの仇を卓球で討つつもりだった。その場に卓球部員は居なかったが、野球や蹴球や籠球の部員が、永居くんと勝負したがったのだ。

卓球の試合に誘われた永居くんは、特に嫌がる様子も見せずにピアノの前から立ち上がった。改めて見た彼の立ち姿は、痩身《そうしん》によく伸びた指先が敏捷《びんしょう》さを強調しているようだった。部屋の角に置かれたピアノから卓球台のある部屋の中央に歩み出た永居くんは、ギャラリーの一人が差し出したラケットを受け取ると、その場でいきなりスマッシュの素振りを始めた。それは鋭角に切り込む腕の振りとスピード感に満ちていた。一同は息をのんだ。

結局、誰一人として彼の相手に手を挙げなかった。永居くんが一人で、卓球台を前にしてエアーピンポンを繰り返していた。サーブの繰り出し方に数種類あった。激しく床に叩き付ける足音は、魔球サーブを予感させた。ラリーを想定した低い姿勢のフットワークは、柔軟で敏捷な膝の動きを実感させた。対戦相手が使うはずのラケットは、卓球台の反対側に置かれたままだった。永居くんのシャドースマッシュの息遣いだけで夜は更《ふ》けていった。

　ショパン好きの鹿にも、事あるごとに聞いてみたのだが、その後に永居くんが実際に卓球をした姿は見ていないと言う。吾輩ら鹿にも、実力の程が確かめられた訳でもないのに、エアーバトルの激しさだけで配下を引き連れている連中がいる。それが良いとか悪いとかの話ではなく、ヒーローは当事者の資質というよりも、周りの願望が創造するものなんだと思う。永居くんの卓球の腕前がどうであるかは問題では無いのだ。群れがあって祭り上げるカミが生まれるのではなく、群れるためにカミが必要とされるのだ。だから吾輩は、永居くんのリアルピアノの話を今でも疑っている。その場に居たギャラリーが、カミ待望の無意識を高じさせてついに幻影を生じさせたのでなかったたかと。

人の章

第七話　恋愛指南とアフターケア

親切心も度が過ぎるとお節介になるし、そこさえも通り越すと嫌がらせになるのじゃないか、という喜劇なのか悲劇なのか分からないお話。吾輩ら鹿が始終出入りしている柿ノ木寮は、大学の男子寄宿舎である。だから寮生とは男子学生ばかりだ。そこに新入寮の一回生から四回生まで、中には四度目の四回生などという強者も含めて五十名程が起居を共にしている。面倒見の良い先輩が、後輩にあれこれ指南するのは微笑ましい景色だと言える。食堂での飯の食い方から廊下掃除の仕方、風呂の入り方や道路の渡り方なんていうのもある。もちろん、吾輩ら鹿との接し方だってレクチャーの一つになっているらしい。

竹田という四回生が竹下という二回生にデートの仕方を講釈したのは、そんな親切心からの話のはずだった。ところが、デートコースの選択に際して竹田先輩が伝授しようとしたのは、コースの要所要所でその場に適した和歌を朗唱するという技だった。

かつて日本史に勇名を馳せもしたが、この街が話題になるのは今や正月の山焼きぐらいかも知れぬ。当時、権勢を誇る大寺同士の領地界として山の草を焼き、目印にしたのが起源だと言う。そのおかげで毎年変わらぬ景色が街の東に連なっている。その山が吾輩ら鹿の根城である。その原始の森から街場に吾輩ら鹿が下るのも幾年にも渡るしきたりのようなものだ。

その森の木々と山の連なりは、歌人の創作欲を刺激したと見えて多くの歌が詠まれている。海を越えた異国から、この東山の景色を思い浮かべて詠まれた歌もあった。そして、それ以外の場所でも多くの歌が詠まれた。そんな和歌の数々とジャストミートな朗詠ポイントを、竹田先輩は後輩の竹下くんに伝授していた。

大極殿の礎石に彼女と並び立って東に臨み、「天の原〜」と朗唱すべし。その朗唱法もロールプレイで演じて見せた。由緒ある小川のほとりに立って一首。逆に山から京域を見下ろしての一首。隣町を越えて旧京に至る道すがらの一首などなど。先輩の熱き思いが後輩をしてにわか歌人にせしめたり、と見えた。その講義を脇で聞く同室の寮生も、思わず居ずまいを正して小さく和歌を口ずさんだりしたものだ。

渾身伝授の和歌朗詠デートの成果や如何に？——誰もが気にしたその顛末は、吾輩ら鹿の間でも話題騒然だった。そしてさらに先輩の親切アフターケアで、意表を突く展開を見せたのであった。

か細く白っぽい水の筋が、車の行き交う道に挟まれて流れている。その小川の端に立つ若い男女の影。その一人は竹下くんで、もう一人のデート相手は、ちょっと困ったような顔付きで人の身長ほどの狭い川幅に視線を行き来させていた。竹下くんが詠じ終えた「吾妹子に 衣春日の宣寸川 よしもあらぬか 妹が目を見む」の解釈を始め出したからだ。

今は吉城川と書くようになったこの川ぐらいまでは、吾輩ら鹿も普通の行動範囲にしていた。竹下くんのことが気になった吾輩は、彼の後をそれとなく付いて歩き、その朗詠の現場に立ち合ったという訳だ。万葉集からの一首を竹下くんは健気に詠じ上げ、さらには律儀にも解釈をし始めた。全てが竹田先輩のアドバイスどおり。吾輩も、なかなかやるもんだと感心していると、二人の影の向こうに人影が佇《たたず》んでいることに気が付いた。それは何と竹田先輩だった。

二人が歩いて行く場所を、竹田先輩は原付バイクで見回っていたらしい。コースは彼自身がアレンジしたのだから全て頭に入っている。時には先回りで、時には後を追うようにして、先輩は後輩のデートをしっかりアフターケアしていたのだ。竹下くんはすっかりデートの高揚感に包まれていたので、この追跡に気付く様子はなかった。相手の女の子はというと、四カ所目かで池越しに五重塔を眺めている際に怪しいバイクに気付いたようだ。彼女が気付いたかどうかまで、どうしてそんなことが分かるのかというと、先輩のアフターケアが実に徹底していたからなのだ。

デートの日の夜、竹下くんの寮室は反省会の会場となっていた。竹田先輩が中央に陣取り、同室の寮生二名が竹下くんと並び、入口手前の二段ベッドには、殊勝な顔付きで耳を傾ける他の部屋の寮生達も並んでいた。みんなの視線を、竹田先輩が独り占めしていた。

その日一日の出来事が順に、時間と場所ごとに分類された先輩の密着取材から浮かび上がって来た。

「天の原ふりさけみれば……の一首は、ちゃんと大極殿の基壇に立ち東を向いて詠《うた》ってほしかったなぁ」と先輩が言うと、竹下くんはうつむいてうなだれてしまった。

「でも、解説できちんと阿倍仲麻呂の無念の思いを伝えたのは、聞き手の情感に訴える力があった」と励ましの言葉が継がれるのを聞いて、竹下くんは少し顔を上向けにして微笑んだ。周りの寮生の間にも安堵の溜息がさざ波のように広がった。こんなふうに反省会は夜更けまで続き、後輩達にはデートにかける気迫が伝染病のように染み込んでいくのだった。

吾輩が直接に確かめたことではなかったが、仲間の牡鹿から得た情報で、吾輩も大いに感心させられたことがあった。それは、この竹田先輩のアフターケアが生半可な親切心ではなく徹底していて、つまり相手の女の子にも及んでいた、という事実だった。

竹田先輩は後日、この女の子を呼び出し、竹下くんとのデートの感想、つまり、自分がアレンジした和歌の朗詠と解説の感想を聞き出していた。東から連なる緑がそのまま公園になっている一角で、たまたま近くに居合わせた複数の牡鹿達が、吾輩にそう報告してくれた。その事実に疑いはないはずだが、竹田先輩はその経過を竹下くんに伝えてはいなかった。それは何故か。人間とは不思議な生き物だと、吾輩は思わざるを得なかった。

いかにも気ままに日々を過ごしているように見えて、吾輩ら鹿にも決まり事の幾つかはある。その中には暗黙の取り決めもある。そんな決め事の一つに、つがいの間はみだりに相手を変えない、というものがある。暗黙だからと知らんぷりして、やたらに牝鹿《めじか》を追いかける牡鹿《おじか》も居るが、そんな時にも、何らかの優越的な地位を利用しようとする牡鹿は居ない。そんなことをすれば、牝鹿からその横柄さで嫌われてしまうからだ。

つくづく不思議だったのは、竹田先輩が女の子に会って竹下くんとのデートをフォローした後で、その女の子が竹田先輩にすっかり惚れてしまい、あっさり竹下くんをほっぽり出してしまったことだ。そこに先輩という優位な立場を利用した策動があったのかどうか、竹下くんにとっては大問題だろうが、今となっては確かめようがない。野球部のキャッチャーで人柄も大らかな竹下くんが、尾羽《おは》打ち枯らしたように生協食堂の片隅でB定食を食べている姿がよく見られた。彼の悲哀に満ちた視線の先には、かつて思いを寄せた彼女が竹田先輩の為にお弁当を作り、それを二人で一緒に食べ合っている景色があった。女心について身近な牝鹿たちに聞いてみたこともあったが、彼女の心変わりに納得する大勢と、その移り気さに非難めいた感想を述べる少数の牝鹿達の二つの反応があった。鹿と人間の差よりも、雌と雄という性差間での深遠な問題が横たわっているのかもしれない。

寮生達の間にもこの衝撃の展開は一斉に広まったが、誰一人竹下くんの前でその話題を口にする者は居なかった。あろうことか一人竹田先輩だけが、時おり竹下くんの寮室を訪ねては、今度は自分が主人公になった和歌朗詠デートでの彼女の反応を語って聞かせたのであった。竹田先輩のこの脳天気に見える言動は、竹下くんに両価的な試練を与えるようなものだったが、しかしそれは、乗り越えていくべき課題に違いなかった。

かくあるように、柿ノ木寮の日々は悲喜こもごも、いくつもの屈折を内包しながら過ぎていくのであった。

第八話　意趣返しか刃傷沙汰

戦後間もない頃であれば、鉄拳制裁などの荒っぽさが柿ノ木寮にも残っていたようだ。風呂場の暗がりに気にくわない下回生を呼び出し、複数の上回生がビンタをとるようなこともあったらしい。そんな場面に立ち会った食堂のおっちゃんは、何度も止めに入ったと話していた。戦後すぐの頃というのは、吾輩ら鹿にも受難の時代だった。寮内で鹿鍋にされて食べられてしまった、などという話も伝わっている。食糧難を実感させる話で、気が重くなってしまう。

そんな蛮風の時代でもないのに、柿ノ木寮では時に刃傷沙汰が起こったりした。かの竹田先輩にまつわる話である。後輩のデートに和歌の指南をし、その効果を現場で確認するなどという彼の「繊細な強引さ」は、周囲の人から両極端の評価を引き出していた。熱烈な支持者を集める一方で、けっこうな数の批判者も生まれて来ていた。そうした批判の急先鋒に鷲見という先輩がいた。

この鷲見と竹田の両雄は、表だっての対立は見せないようにしていたので、この間の経緯に疎《うと》い後輩なんかが、相手の名前を挙げて少しでも賞めたりすると、突如として豹変した先輩からどやしつけられたりしたものである。両雄いずれも歴史と文学とやらに感染していたらしく、そのことが行く行くの大がかりな場面設定を準備させたと言える。

さて、その事件当夜の寮の廊下は、あたかも江戸城松の廊下のごとく配されていたようだった。もちろん長袴《ながばかま》こそ、穿《は》かれてはいなかったのであったが。


何かの口実を設けてはよくコンパと称する野蛮な宴《うたげ》を張っていた寮生達だが、その夜は特に度を超して飲み過ぎたのかもしれない。もう何が目的の飲み会だったのか誰も気にしなくなり、散会の宣言もないまま三々五々に部屋に戻り始めた。ちょうどその時、中庭で草を齧《かじ》っていた吾輩が見たのは、宴会部屋の食堂から大声で飛び出して来た鷲見先輩の姿であった。おや？――と顔を上げた時には、少し遅れて出て来た竹田先輩の少しふらつく様子が見えた。その他にも数人の寮生がその部屋から出て来たが、互いに談笑し合う姿もあって穏やかに就寝までの時間が流れそうだった。

ところが一度見えなくなり、再度そこに戻って来た鷲見先輩は居合い用の模造刀を手にしていた。一瞬で辺りに緊張が走った。吾輩も噛みしだく口の動きが止まり、周りに居た仲間の鹿達も顔を上げて動静を見極めようと動きを止めていた。元より原因などは見当も付かない。睨《にら》み合って言葉のない竹田・鷲見の二人と、気圧されたように固まる他の寮生達。

鷲見先輩は剣道の有段者で居合いの修行中。対する竹田先輩は上背はあるものの根っからの文学青年。両者の睨み合いは数分間にも及ぶように感じられたが、実際には一分間にも足りない程だったのかもしれない。もしこの時、模造刀にしろ鞘《さや》から刀を抜いたなら大問題になっていただろう。

事態はそうはならなかった。でも緊張が解き放たれるためには、それ相当の犠牲は必要だったと見える。吾輩等のテリトリー争いや牝鹿争奪は、この状況に比べたらとても分かりやすい。それに比べ何故かいつも、人間の争い事は分かりにくいものに見える。まったくもってご苦労なことだ。

日本人好みというべきか、人間好みというべきなのか、とにかく臥薪嘗胆《がしんしょうたん》といった復讐譚《たん》が世界中で数多く語られている。悔しさを胸の底に押し込め、人は来るべき意趣返しの日を夢想する。それは人間が記憶という能力を手にするようになり、一方でその記憶に振り回されるようになってから、一つの宿命となったようだ。吾輩ら鹿にも記憶はある。しかし、それに振り回されるようなことにはならない。どこに行けば餌が手に入りやすいか、などのように生きるためだけに記憶は使われる。

食堂で残り物の寮食を食べ、自分の部屋に戻ろうとして睨み合いの場に出くわした二名の寮生が、階段下に別の時間を流し込んだ。鷲見先輩の腰低く身構えた姿勢と、一段だけ階段に足をかけて竹田先輩がのけぞっている姿勢が固まっていた。緊張を破ったのは、さらにその後から食堂を出て来た一回生の声だった。「あれれ、こんな所で寮祭の練習ですか」と素っ頓狂な大声が響いた。

「うぉぉぉぉぉ」と鷲見先輩が低くうなったと同時に間合いを詰め出した。中庭まで気迫が伝わって来て、その場の鹿達も息を殺したままだ。するとそれまで固まったままで人垣を作っていた寮生の中から両者の間に飛び出す者が一人二人と続いた。この動きは一瞬に感じられた。模造刀の鞘を払おうとする動きは封じ込められ、踏み込んだ勢いから鷲見先輩の両腕が高く持ち上げられた。体勢を崩しかけながらも鷲見先輩が無理矢理に振り下ろした鞘ごとの刀が、そのまま竹田先輩の眉間《みけん》に当たってしまった。

翌朝、その現場はきれいに掃除されていたのだが、よく見ると血糊を拭き取った跡があった。この刃傷沙汰は様々な解説者が評論して見せたが、結局のところ原因もその後の顛末も確定された歴史はない。そうだ、人間は歴史というものを大事にしたがるが、それは記憶とどう違うと言うのだろうか。

眉間に大きな絆創膏を貼り付けて、しばらくの間、竹田先輩は元気が無かった。その清らかな白いガーゼの感触が、彼の中の何かを封じ込める護符の役目を果たしていたのかもしれない。

傷口の回復は早かったが、竹田先輩の元気の回復には時間がかかった。遅くまで大学の研究室に残っていたり、閉館時刻まで図書館で調べ物をしたりと、彼が柿ノ木寮に帰るのはいつも遅くなっていた。それは、吾輩ら鹿の就寝時刻と重なるぐらいになっていた。

それに比べて鷲見先輩は、朝早くから活動的だった。他の寮生ばかりか街の人々も寝静まっている時刻に、黙々とグラウンドの四〇〇メートルトラックを走ったりしていた。そのうつむき加減に地面だけを見詰めている姿は、まるで修行僧の修行姿を思わせた。早起きの鹿達も、しばし見とれてしまうほどの真剣さだった。

二人は共に強く個性を感じさせていたが、吾輩が鹿なりに考えるなら、この刃傷沙汰の件ではもっと注目されて良い存在が居るはずである。誰かと言うと、緊迫の睨み合いから空気が動きかけた瞬間に二人の間に分け入った後輩達の存在である。

普段から目立つ個性的な寮生ではなく、たまたまその場に居合わせただけという寮生のおかげで、事態は彼らで扱い切れる程度に収められた。傍観者でもなく介入者でもなく、ただ間に割って入り込んだ後輩達。その存在に向けた、感謝と自責を込めた恥ずかしさの感情が、竹田と鷲見の両先輩達を寡黙にさせていたのかもしれない。大声で正論をまくし立てる訳でもなく、サッと動ける寮生が居るのだ。それは柿ノ木寮の中で醸成された雰囲気が育んだということになろうか。

殺気立って睨《にら》み合う二人がいて、偶然その場に立ち会うことになってしまった第三者には、呆然と見守るぐらいしか出来ないことが多い。その場の雰囲気が緊迫していればいるほど、足がすくみ体は固まってしまう。当事者双方にとっては、気合いの入れ方に切実さや必要性はあるのだろうが、周囲の人間にとっては、ただ一方的に緊張だけを強いられる。まして睨み合う二人が周囲の者達より力関係で上位に立っているなら、その場からこっそり逃げ出すこともままならない。

吾輩ら鹿でも似たような状況に出くわすことはある。というより、自然の営みは鹿に発情期を与え吾輩らは集中的な競争に曝《さら》されることになる。それでも決して、相手を傷付けたり倒したりするまでには至らない。その制限まで自然がプログラムしている。ところが人間は、時に相手を滅亡させるまで平気で突き進む。そんな破壊的な睨み合いの間に割って入るのは、自分の命を引き替えに差し出すことになるかもしれない。

柿ノ木寮で後輩が先輩達の間に入り込めたというのは、どこかで自然のプログラムが動いていたからではなかったか、と吾輩の動物としての勘は感じている。自己保存の本能が、自分一人だけの保存ではなく、自分を含めた近しい人々にまで及ぶことで、拡張された自己が措定《そてい》されその保存を目指した、という理解だ。寮生達は、凡々とした日々を過ごしているように見えながら、もしかすると吾輩ら鹿の行動を手本に実は本能に磨きをかけていたのかもしれない。

「なかなかやるじゃないか寮生諸君」と吾輩は思っている。

もう少し拘《こだわ》ってみるが、「拡張された自己保存」というのはどういうことだろうか。後輩の寮生達が、自分自身に及ぶかもしれない厄災を取りあえずペンディングしておいて、睨み合う両先輩の間に割って入る（本当にただ立ち入っただけなのだが）のは、自己保存の範囲が通常よりも広がったと解釈して良いのだろうか。

対比的に考えるなら、吾輩ら鹿の世界で自己とは自分のことでしかない。己だけのことを指すので単純明快だ。しかし、その自分の生を長らえようとすることが、例外なしに「自分だけを生かす」とイコールな訳ではない。ここがちょっとだけ面倒なところだ。よく例に出される、ひな鳥の居る巣から捕食者を遠ざけるようと派手な逃げ方をする親鳥の姿などのことだ。このことは遺伝子レベルの議論になっていて、もはや吾輩ら鹿だけに限定される話ではない。となれば、同じように人間にも当てはめられるはずで、人間も利己的にだけ動く訳ではない、と見て良いように思える。

つまり、後輩寮生が先輩寮生の間にすっと入り込んだ、というのはこうした利他的遺伝子レベルで理解すべきなのかもしれない。もし人間にも本能が吾輩ら鹿と同等のレベルで作用していたとするなら、その通りだと言えただろう。でもしかし、どうやら人間はことごとく本能から遠ざかろうとしているようにしか見えない。そうでなければ、親による子の虐待死や生死不明高齢者増加や蔓延する虐《いじ》めと連鎖する自殺などは説明出来なくなる。人間の自己保存は、本能が駆動させてはいないようなのだ。

　緊迫の睨み合いで、後輩達に一歩を踏み出させたものとは何だったのか。吾輩が気付いたのは、その後輩達とは、あの恋愛指南の部屋、竹田先輩が竹下くんに和歌ポイントを講じていた部屋に一緒に並んでいた連中だった、ということだ。彼らは、同級生の竹下くんの真剣さに匹敵する真剣さで聞き入っていた。その際に見せていた共感の思いが、睨み合い場面でも発揮されたのではなかろうか。

「ああ、あの刀が自分に振り下ろされたなら痛いだろうなぁ」という単純だけど皮膚感覚レベルでの感触。それは本能というより、共感であって、振り下ろした側の後悔の念も先取りしていたのかもしれない。柿ノ木寮には、そうした共感を増幅させる雰囲気が漂っていることを、吾輩は鹿と（して）実感した。

　などと、ちょっと偉そうに喋りすぎたかな。照れ笑い。てへへ。

第九話　夜行軍って何で？

例年まだ寒さの募る二月頃、柿ノ木寮では夜行軍と称する夜通しのハイキングに出かける。例のごとく今年の開催をどうするか、と寮生会議で議論百出のあげくに、たいていは役員提案に沿った結論になる。ほぼ一年も過ぎたこの頃になれば、新入寮生達もこの掛け合いに慣れ、寮生会議そのものを一つのレクリエーションと受け止められるようになる。そうなると例えば夜、廊下の突き当たりの暗がりに吾輩らの姿を認めたからといって、いちいち大声で「鹿だぁ」などと叫ぶようなこともなくなってくる。

そもそも鹿は夜行性なのだ。夜の間に採餌《さいじ》行動に出るのが、当たり前だ。それを観光客相手に愛想の無いことでは申し訳ない、とかなり無理をして昼間のお勤めを果たしている訳だ。寮生達を前にしてまで、「愛想良くせよ」と言われても困るのだ。寮生達には静かに寝ていてほしいのだが、なかなかそうしてくれない。夜遅くまで起きている寮生は、多い。だからと言って、夜通し起きているとか、朝まで歩き続けるのは、さすがに寮生にとっても過酷なはずなのだが……。

ではどうして寮生達は、夜行軍とやらを続けているのか。そもそも夜行軍とは何か。もともとの由来をさかのぼれば軍事教練にたどり着くはずだ。この柿ノ木寮もかつては軍隊式の寄宿舎であったと聞く。何代にも渡って吾輩らが言い伝えている話には、かつての寮は兵営そのものだったと言う。いわゆる鉄拳制裁の時代だ。それに続く戦後の食糧難時代には、吾輩らが寮生に狙われる獲物と見なされてもいた。そんな頃に訓練だった夜行軍を、今でも寮生達は続けようとしているのか。吾輩には実に興味深いことである。

読んで字の如く軍隊に由来するこの夜行軍を、柿ノ木寮生らは冬場のレクリエーションにしてしまった。合同ハイキングなどと称して夏場にはよく、女子寮や女子短大の学生に話をつけて出かけたりもしていたが、そういう華やかさと比べると、この夜行軍は余りにも趣が違い過ぎる。どこかに自己鍛錬といった風情が漂っているせいなのか、無骨で荒々しい印象だ。その不思議な味わいに関しては、この夜行軍に限って何故か、毎年数名の寮生ＯＢが参加するという事実が何事かを語っているようだ。

さて実際に寮生達は、どういうコースを歩き通すのであろうか。吾輩ら鹿も夜中にハンパじゃない距離を移動するものだが、この寮生達も見くびる訳にはいかない。例えば寮を出発する場合の行程は、県境の暗峠を登って下り、太閤さんのお城までの三十数㎞だったりする。琵琶湖の西岸を目的地にした場合は、途中にある私鉄の駅を出発地に定め、そこまでは各自で電車に乗り集合した。そこからの距離は四十km近くもあったであろうか。毎年三十五km前後の行程となる。歩き始めるのは夜十時頃が多いので、目的地到着は朝方の五時から六時頃になる。やっと明け始める二月の黎明《れいめい》、寒さは体の芯に染み込むほど厳しい。目的地に寮役員がガスボンベとコンロを運び込み、豚汁や甘酒を用意して寮生の到着を待っている訳だ。

かつての教練なら、隊伍を組み歩調を取って歩くことになるのだろう。しかし今は、全て各自のペースに任されている。全行程を一人で歩き通す者もあれば、気の合った仲間同士で夜通し喋り続けながら歩く場合もある。そこでは、「隊列を乱すな」と怒鳴られることも無い代わりに、ペース配分を間違うと途中でへたばってしまうことにもなる。自分の感覚を研ぎ澄ませて、歩き方をコントロールしていくことになる。落伍者もあり得る訳で、寮役員は車で先頭と最後尾をこまめに行き来することになる。

これだけの手間をかけての夜行軍なのだから、当然のように語り草になる出来事が毎年積み重なっていくのである。

確か、渡月橋までをコースにした時のことだったたか。一人の寮生の身の不運が寮中に印象付けられる事件が起こった。それは人生の巡り合わせの妙についての教訓的な出来事でもあった。主人公たる岡町くんは入寮以来いつもどこかに出かけていた。その時確か二回生だったはずだが、大学の講義に出るよりはアルバイトに励むことが多く、その職種選びがまた突拍子も無かった。ある時は、東京で家庭用ゴミ焼却炉の飛び込み販売をしていた。ちょうど世間の注目を集めていた政権党政治家が居て、汚職事件がらみで取材の現場にもなっていたその豪邸に出向き、その焼却炉を売り込もうとしたという。まぁそれは警備の警察官に制止させられたと、後になって寮生仲間に語っている。京都での新聞配達に毎日電車で通っていたこともあった。彼女にしたい女の子が暮らす辺りを配達地域にしてもらっていたという。東京も京都も、それぞれ目的はあったのだろうが、彼にとっては現状を踏み越えたいという欲求の当座の目標だったのかもしれない。などと心理学専攻の別な寮生が訳知り顔で解説していたこともあった。

そんな岡町くんだったので、寮内で親しく会話する相手も多くは無かった。どだい寮に居ることが少ないので、会話する機会そのものが少なかった。それでも寮の暮らしは相部屋なので、同室者同士での会話は生まれる。挨拶の二言三言でも、その空間は和《なご》んでいくものだ。吾輩ら鹿同士でも、そうした挨拶は必要なものだ。実際に声に出すことに限らず、アイコンタクトで充分に気持ちを通い合わせられる。街頭に立って大声を張り上げるような運動としての挨拶もあるかもしれないが、そこで身に付く挨拶とは何だろうか、と吾輩などは思ってしまう。

桂川にたどり着くまでの道のりを、岡町くんは同室で一回生の田浦くんと歩いた。寮行事に不熱心な二人だが、何故か夜行軍には参加していた。その後輩の田浦くんなのだが、遠慮会釈も無くその時の出来事を語っていた。何かの恨みでもあったのだろうか。

田浦くんが後刻、寮生仲間に語った岡町くんにまつわる悲劇は、当夜の夜行軍コース途中の駐車場が舞台だった。街外れの国道沿いにあったその駐車場は、家並みの間に田んぼが混じり出したような場所にあった。奥には斜面が緩く立ち上がり、膝上ぐらいに伸びた雑草と灌木《かんぼく》が斜面をおおっていた。その場所にたどり着くまでの小一時間ほど前から、岡町くんは腹痛を訴えていた。その痛みはすぐに便意に取って代わられ、苦しげな溜息も漏れ出して来ていた。同道の田浦くんの同情は、「何でもっと前の街中の時に、開いている店のトイレを借りんかったんや」といささか非難めいていた。

しかしそうは言っても、急に出そうになることだってあるものだ。吾輩ら鹿はその点の躊躇《ちゅうちょ》が無い。便意即妙、排便は吐く息と同じである。これは草食動物が身に付けなければならない数ある技能の内の大事な一つである。素速い脱糞には、それに適した形状が要求され、移動しながらの垂れ流し技も必須の習得技術になっている。そうした飽く無き追求の結果が、最適半径を持つ球体であり、適度の湿り気で肛門を保護しつつ、連射排泄を支える括約筋《かつやくきん》の筋力制御なのである。これだけの技能の集積を、人間に求めるのは酷な話なのかもしれない。でもそれがほんの少しでも岡町くんに備わっていたなら、続いて現出した悲劇は避けられたはずなのに。

ついに便意を抑えきれなくなった岡町くんは、手頃な暗闇を求めて駐車場奥の草むらに入り込んだ。田浦くんはその入口で待っていた。何枚か手持ちのティッシュを手渡したはずである。手持ち無沙汰に立って待つ田浦くんに向けて、一台のトラックが国道から曲がって来た。車は彼の横を通り過ぎて駐車場奥の空きスペースに向かった。そこが定位置で、いつも通りの手順だったはずだ。でもその真ん前に人がしゃがみ込んでいて、白っぽく尻の形が浮かび上がったのは、いつも通りとは言えなかった。ヘッドライトはさっきまで一番の暗がりだった場所を最も明るい場所に変えていた。鹿なら飛び跳ねてお仕舞いだが、人間は不自由なものだ。

宝塚歌劇の大階段もかくやとばかりに、駐車場から緩く立ち上がった斜面はヘッドライトの明かりで登場人物をスターのように浮かび上がらせた。岡町くんは脱糞どころの騒ぎじゃなくなってしまったが、慌てたのは運転手も同じだった。エンジンを切ることも、ヘッドライトを消すこともせずに、固まったままの時間が互いに見詰め合う緊張をさらに高めた。

いつもなら車中の人を、暗い外から見定めることは難しいはず。ヘッドライトの眩《まぶし》さに人の姿は幻惑されてしまう。ところが斜面との距離が近過ぎたので明かりは車の中に跳ね返っていたのだ、と後の岡町くんの証言。少し離れて立っていた田浦くんの方は、照り返しの運転手の表情までは見定められなかったが、岡町くんの固まった表情を後に語っている。

トラックはバックで急反転し、そのまま深夜の国道に走り去って行った。それは脱糞者への温情だったのか、はたまた今見た事実を無かったことにしたくてもう一度駐車をやり直すことにしたかったのか。岡町くんはやり残しを最後まで済ませ、気持ちと体勢を整え直した。そして、拭き終わった紙をどうするかで迷った。夜目にも白く目立つのが気になった訳だ。吾輩ら鹿は、脱糞時に肛門を汚すことはなく糞切れがよい。そうなっていない人間の難儀さ加減には、同情を禁じ得ない。岡町くんは、少し離れた草むらの陰を選び、申し訳なさそうに白い紙を押し込んだ。

最も安全だと選んだ脱糞場所が、一瞬のうちに最大の恥ずかしい場所となってしまった。夜行軍は時に、これだけ教訓的な啓示を寮生達に与えるのであった。

まだ明けやらぬ朝まだき、たいそう重く感じられ出した足を引きずり、寮生達が目的地の渡月橋たもとにたどり着いた。川に沿って山間を通り抜ける風は冷たく、寮生同士の会話は今や途絶え、吐く息の白さだけが目立つ。寮役員用意の豚汁は、食堂のおっちゃん達の奮闘で材料の仕込みは万全なのに、あまりの寒さで鍋が煮え立つまでたいそう時間がかかりそうだった。疲れと寒さで黙りこくっていた寮生達だったが、田浦くんがおもむろに脱糞事件の顛末を語り出すと、俄然元気を取り戻した。岡町くん当人も傍《そば》に居て、さすがに照れ笑いをこそもらしたものの、訥々《とつとつ》とした田浦くんの語りに頷《うなず》きつつ耳を傾けていた。

こうした構図は、実に興味深い人間の姿である。自分にとって恥ずかしい体験のはずなのに、喜々として話の輪に加わる者も居れば、人が秘密にしておきたい出来事であると知っているのに、ためらいも見せずに周囲に語ってしまう者も居る。まったく気遣《きづか》いのかけらも感じられない所業だ。場合によっては険悪な雰囲気になって当然なのに、何故か話の輪はきわめて和やかだ。その訳は多分、そんな話の輪に加わり熱心に耳を傾ける他の寮生達の醸《かも》し出している雰囲気のせいだろう。つまりこの出来事から、各自が、「もし腹下しの脱糞者が自分だったらどうしよう」と我が事として聞いていたからではなかろうか。

こうした「我が身に置き換える」発想は、寮生活で自然に身に付けていくものかもしれない。それとも、それを身に付け得た者だけが、寮に住み続けられるということなのか。この「我が事」の発想は、是非とも吾輩ら鹿にも定着させたい発想のひとつだ。どうも最近の若い鹿達は、小さな違いをことさら強調しては、自分と周囲の間に壁を作りたがっているようで心配だ。まあ今では、鹿煎餅の争奪にも厳しさが増し、その日々の繰り返しで疲弊してしまっているせいかもしれないが。

そうそう、この夜行軍だが、今では少しも軍隊調の武張ったところがなくなったというのに、由来となっている「行軍」という用語を使い続けていることに違和感を持つ寮生も居る。そういう寮生たちは「夜行群」と表記するように提案していた。それはそれで大事な発想だと思う。

少なくとも「夜間ハイク」と呼ばれるよりは、語感に悲喜こもごもの内実が予想出来る。そんなこんな、いろんな思いが込められている毎年の夜行軍なのである。

第十話　生来憐れみの例

　吾輩ら鹿にとっての柿ノ木寮生達は、棲息域が重なり合うライバルでもあったし、この関係を脅かす外敵には共同して立ち向かう戦友同士でもあった。食性が違っていたので、特定の草を奪い合うことは無かった。吾輩らにとって柿の葉はご馳走になるが、それを独り占めにして食べ尽くす、という寮生は居ない。むしろ、柿の葉をちぎり取って吾輩らに与えてくれるような寮生が居たりする。ということで、彼らと吾輩ら鹿との対立点は、主に場所と時間の占有に関する問題となる。そして、両者に共通する外敵とは、通常は無粋で横暴な自動車や無遠慮極まりない観光客だったりする。それがある条件下で、時と場所を占有する部外者に吾輩ら鹿と寮生達の両者が共に脅かされたことがあった。発端は、小さくかわいい美談めいた話だったのだが。

　寮生活での大雑把な原則は明文化されていたが、実際の細かいことは話し合いでその都度了解し合うか、あとは暗黙の合意で押し通されることが多かった。一時期、寮内外を行き来出来る履物として「スリッパまでは可、サンダルは不可とする」などという規則が論議されたことがあった。そうなるとスリッパとは何か、サンダルとどう違うのかといった定義を厳密にする必要に迫られ、さらには外出時と寮敷地内の行き来とに違いがあるのか、建物を出る時はいつでも外靴に履き替えるべきではないのか、といった本質論など議論百出の態になった。それに懲りてからは、誰かの行為を不快に感じたらその都度、その感じた思いを当人に伝える、という人間同士のその時その場所での解決法が定着していった。

その行為を不快と感じたある寮生が、当人である須川先輩に「ぼく猫って苦手なんすよね。これ先輩のとこの猫ですよね」と子猫を差し出した。首の後ろをつかまれて、子猫はおとなしく丸まっていた。「おお、ゴメンゴメン、悪いことをした」と謝って須川先輩は引き取った。後輩は、自分が謝られたと思ったのだが、実際に先輩が謝っていたのは、その子猫に向けてだった。

自分が詫びられたとの思いを肩透かしされた訳だが、その後輩は特に気分を害したようでも無かった。と言うのも、須川先輩のこうした生き物好きは、柿ノ木寮で知らない者は居ない程に知れ渡っていたからだ。かと言って、誰もが微笑ましい話だと受け入れていた訳でも無い。この後輩のように猫嫌いをはっきり表明する例もあったし、寮内をうろつく子猫や子犬を追い出そうとする例もあった。つまり、小動物飼育は公認されていた訳では無いが、表だって問題化させることも無かった、という宙ぶらりん状況だった。

こうした白黒付けない曖昧さは、吾輩ら鹿にとっても極めて重要な身の処し方の一つである。

この境地に達することで、その鹿が一人前（正確には一鹿前か）になったと見なされたりする。よく単純化されているようだが、動物の行動が逃げるか近寄るかのような二者択一の集積だとされるのは大いなる誤解である。小さい時分にそう仕込まれる事実はあるが、成長に従ってプラスとマイナスの間（あわい）は広がっていくものだ。逃げるような近付き方、というような葛藤や、逃げたくも無し寄りたくも無し、という等閑視は、技能習得の努力の賜物（たまもの）なのである。

で、須川先輩である。これまでにも何度となく寮内で動物を飼わないでくれ、と苦情を受けていた。その都度、「お怒りの向きは重々承った」と子猫を山に運びそこで放して来たりするのだ。でも、歩いて行って歩いて帰って来るのだから、しばらくしてまた子猫が戻って来たりした。そうすると、また飼い始めたのか、と新たな非難が向けられることにもなるのだが、実は前に居た子猫だったりしたのだ。猫嫌い寮生には、顔の見分けは付かないのだろうが、須川先輩は見分けていたのである。そんな繰り返しの日々が、ついに白黒付けさせられる事態になってしまった。しかも、それは吾輩ら鹿にも関わってもいたのだ。

子猫や子犬がじゃれ合う姿に文句を言う者は居なかったが、その糞の始末や寄生虫の心配をする者は決して少なくなかった。ついに須川先輩の動物飼育問題が寮生会議の議題に上ってしまった。寮生会議そのものは、寮生にとっての（とくに上回生にとっての）レクリエーション的要素が大きかったが、そこでの議決は曲がりなりにも寮生の行動を制約するものとなる。その時の議題は、寮内の清潔をどのように保つか、だった。飼育そのものを取り上げていないのは、武士の情けということだったか。

提案者の趣旨説明は要約次のようだった。「最近寮内で糞尿の匂いが強まったように感じられる。これは便所掃除の不徹底が原因の一つであろうから、月一回の大掃除の際には念入りに便器洗いをする必要がある。さらに、こうした匂いを生じさせる可能性のあることは、最初から寮内に持ち込まないようにすべきである」と。同調する意見が続いた。「最近、寮室内でノミが跳びはねているのを見かけたことがある。これも衛生上の問題なので、原因となる状況を調査分析し対策を取るべきである」と。

寮内の衛生環境がどの程度のものか、これらの意見からだと幾らかは清潔さを意識しているように感じられよう。ところが実態は、寮室内はともかく廊下全体が恰《あたか》もゴミ箱のように物が散乱していたのだ。新聞紙を齧《かじ》ろうとして吾輩ら鹿も寮内に入り込むことがある。そうした紙だけを食べるならさほど心配は無いはずだが、訳も分からずに若い鹿などは廊下に捨てられた食べかすを齧ったりする。そして酷く腹を下し難渋したりする。寮内の衛生は、清潔さによる維持よりも、寮生の特異な耐性で維持されていたのだ。

糞尿の匂いについて一人の寮生が懺悔《ざんげ》を始めた。曰く、「私は寮の二階窓から一階の屋根によく小便をしていた」と。酔っ払って面倒になったからだったが、これからはきちんと便所に行きます。これを契機に、幾つもの告白が続くことになった。

実は自分は、こんなことをしていた、でももう止めます、という告白がぞろぞろと続いた中に、「あまりにでかい脱糞後のとぐろを、流すのが惜しくてそのままにしたことがありました」と白状した寮生が居た。家から送られて来たメロンを独り占めして食べて、食べカスを布団の中に隠し続けて腐らせてしまった、というのもあった。洗濯が面倒でこの一ヶ月間は着替えせずに天日干しだけで済ませて来た、周りには不快な匂いで迷惑を掛けたかもしれない、との詫び言には、納得した顔で頷《うなず》く寮生達が居た。それらの発言は、結局は糞尿の匂いがどうだこうだと問題視されている目下の事情に、自分の不始末が関係しているかもしれない、と懺悔した、ということである。つまり、糞尿臭を契機として動物飼育の禁止に向かう議論の流れを、踏み止まらせようとしていたのだ。

告白の最後には、こんな発言が飛び出した。曰く、「自分はみんなに公表しないまま、生き物を飼い続けて来た。いくら躾《しつけ》ようとしても、あまり効果が現れない。決まった場所で糞をするようにさせたいが、現状ではそうなっていない。そのせいで不快に感じている寮生は、確かに居ると思う。誠に申し訳なく思う。きちんと躾けられるように努力を続けるので、出来ればこのまま許してもらえないだろうか」と。この発言が須川先輩からなら、誰もが理解し得たであろう。でも、発言の主は長老の一人、木元先輩だった。

発言を聞いた誰もが不審に思った。木元先輩が何かの生き物を飼っていたなど、誰一人見たことが無かったからだ。議長がおずおずと質問した。「それはどんな生き物のことなのですか」と。木元先輩の答えは短く「鹿だ」の一言だった。彼の懺悔によると、吾輩ら鹿は彼に飼育されていることになる。寮生会議の場は、一瞬大きな空白に占領された。糞をまき散らし寮の中庭を闊歩《かっぽ》する鹿が、一人の寮生の飼育動物だと言うなら、その排除が出来ない限り子犬や子猫の飼育も禁止出来ないぞ、と長老は言いたかったようだ。

須川先輩の子犬子猫は、その後も柿ノ木寮を追い出されることはなかった。寮生会議での木元発言が、議論の帰趨《きすう》を決したと言えるだろう。勝手気ままに寮内を闊歩し、新聞をもぐもぐまさぐり丸い糞をたれ回る鹿を、誰が手懐《なず》けたり躾たり出来るだろうか。「飼い鹿」はお構いなしで、「飼い犬」「飼い猫」は禁止する、と言うのでは理屈が通らない、と寮生達は思うことにした。この「思うことにした」というのは、本当は、「鹿を飼っているなんて出任せじゃないか」と言いたいけど、「言わないことにした」という意味である。

ところが、すっきりしないのは木元先輩に飼育動物とされた吾輩ら鹿の思いである。何も肩肘張って由緒来歴を昔語りするつもりはないが、吾輩ら鹿は、寮にも近いかの大社で、神の使いとされている身である。つまりは、吾輩らを飼っているのは神様だと言えるのだ。そのことが意味するのは、「三作石子詰め」＊のような言い伝えにも表れている支配権力のメルクマールとしての機能を担わされている、という事情である。今どきは、神の威光というより文化財保護法により処遇されているのだが、それであっても一寮生が自分の飼育動物であると公言するとは不届き千万な話である。

とは言え、吾輩ら鹿にとって実害がある訳では無い。それは事実である。実際の鹿暮らしに何か変化があった訳では無い。そこで吾輩ら鹿としては、これまで人間との飼育の関係を特に注目して来た訳では無かったが、「寮生が鹿を飼育している、と見なすようになった事実」を自覚した。そして、寮生がそうした意識を持つまでに成長したことを認め、大いにそれを喜ぶことにした。そして今後も、彼らの精神的な成長を見守りつつ、寮生を飼育する方法をさらに進化させていこう、と思うことにした。この「思うことにした」というのは、「本当は、寮生を飼っている」なんてどうでもいい話だけど、それは言わないことにしたという意味である。

＊「三作石子詰め」とは、誤って鹿を殺した子どもが、罰として井戸に石で詰められて刑死したという江戸時代の話のこと。

第十一話　仮想行列の装い

熱しやすく冷めやすい、というのが柿ノ木寮生の基調を為す性格だと言っても良かろう。何か盛り上がれそうな気運を察知すると、あらゆる手段を総動員して必要以上に過激に演出したがる。そういう性格が、各人の中に入寮前から潜在していたのか、あるいは寮生活の中で熟成されていったのかについては、異論が多い。つまり、柿ノ木寮生にだけ、そうした「熱しやすさ」が特異的に発現しているとの立論も可能だが、それに対して、「そうではなく、人みな誰でも盛り上がりたい衝動を持つのであって、その解放を寮生は素直に実行しているだけである」との反論も成り立つ訳である。

考えてみれば、「せいかく」と「せいかつ」では音の上では一字違いである。寮生活の中で、性格が変化したり、より一層素朴に制約が解放されたりする可能性は大きい。「せいやく」も「せいかく」と一字違いだ。吾輩ら鹿でも、観光地で人慣れした生活をしていると、いつしか「与えられる暮らし」を当たり前だと思いそうになる。そうした変化を、鹿としての堕落と見なす長老達は多い。山の中で暮らすことの多い長老鹿は、物への執着がほとんど無くて、強いて言えば山全体を自分の物と思い、しかもそれが多くの仲間達との共有物だと認識している。

そういう鹿は物事を良く考える。

柿ノ木寮生の中にも、やたらに考えたがる手合いも居る。彼らは周囲の熱狂に動じることもなく、普段通りの生活リズムを堅持したがる。かと言って、瞬間熱狂的寮行事を冷ややかに見ている訳でも無い。だから寮行事にも進んで参加する。しかし、その参加の中で、彼らはあれこれ考えたがるのである。肩を組んで寮歌を叫び合う最中でも、彼らの思考は沈潜《ちんせん》する。「この熱狂には悪意無き粗暴さが胚胎《はいたい》している」と疑うのである。


しばらく前の話になるが、寮祭の開催に際して、「今年は市内を練り歩く行列をしよう」という話になった。例年六月前後に開かれていた寮祭だったが、その先触れの行列はここしばらくの間、行われていなかったのだ。それを再開しよう、という提案だった。柿ノ木寮の寮祭というのが、街場の人達にとっても娯楽の一つであったというのは、よく聞かされていた話だった。寮食堂の炊夫を長くしていたおっちゃんが、そんな話をしてくれたのを、寮役員が聞き書きで残していた。戦後の荒廃した生活の中で、寮生が演じた素人芝居に街の人々が熱狂したと、その記録文は当時を思い起こさせていた。その再来を期したということかもしれない。

「これはきっと盛り上がれそうだ」という気配を察知した寮生の多くは、すぐにこの企画を実行に移した。どうせならテーマを決めよう。そうだ、寮祭のテーマと絡《から》めて「雄々しさとは」っていうのはどうだ、と計画はトントン拍子に進んだ。熱しやすい寮生気質は、点火されるとたちまち燎原《りょうげん》の火のように寮内の雰囲気を高揚させた。ところが中には、そうした行動を見て、軽挙妄動に過ぎるのではないか、と腕組みして見ていた寮生も少なからず居たのであった。

吾輩ら鹿にしてみれば、柿ノ木寮は始終ざわめいていて、ことさら寮祭だといっても変わりないと思われた。しかし、そうした「考えたがり」の寮生には、大げさに仕立てて、組織立てをしたがる風潮が、付け焼き刃的に思えた訳だ。その先触れ行列は、仮装行列としての実施が決まった。きっと派手派手しい衣装や化粧による仮装姿が、多少なりとも含羞《がんしゅう》としてカモフラージュになると、考えたがりの寮生が考えたのだろう。

行列に並ぶ寮生達は、それぞれ思い思いの装束を身にまとい、出発の時を待っていた。急遽《きゅうきょ》こじつけたテーマというのが「雄々しさとは」だったので、それぞれが考える男っぽさが過剰に演出されていた。武道をたしなむ上回生は、その道着を着て肩肘張って威厳を醸《かも》し出していた。西部劇のガンマン姿で悦に入る者、ヘルメットとつるはしで土建現場から来たばっかりと見える者も居た。ある寮生は変身ヒーローの仮面姿に身を固め、どういう決めポーズが良いかを、横に並ぶ同回生に何度も修正させていた。

さていよいよ出発となって、寮役員が合図を発した。その声に呼応して、行列全員の雄叫びが上がった。ウォーという蛮声は、街外れの閑静な住宅街を震え上がらせた。それに一瞬遅れて、悲鳴が上がった。ギャーという声の後に、「ああ、血だ！」と誰かが叫んだ。寮役員が驚いて声のする場所へ駆け寄ると、上村にいちゃんと愛称で呼ばれていた寮生の横で、頭を抱えた一年生が泣きべそ顔になっていた。上村にいちゃんが、おーと振り上げた右手を下ろした時、ちょうど横で靴紐を結び終えた玉森くんが立ち上がって、その上下両方向の動きが衝突したのだった。間の悪いことに、ルパン三世姿のにいちゃんの右手にはワルサーP38が握られていた。

吾輩ら鹿にすれば、日々の暮らしで小さな怪我に見舞われることは少しも珍しく無い。多少の血がにじむぐらいはよくあることだ。にじんだ血は、舌で舐《な》めて傷の治りを早めてやれば充分だ。玉森くんの血も、舐めるぐらいで良かったものを、厚生委員は念のためにと大きな脱脂綿と包帯でぐるぐる巻きにした。柿ノ木寮の寮祭先触れ仮装行列は、血に染められての出発となった。包帯ぐるぐる巻きの玉森ターザンが、やけに目立っていた。

柿ノ木寮が建つ界隈の静かな住宅街から、しだいに人通りの多い街中に仮装行列は進んで行った。最初の頃は空元気の雄叫びも何度か聞かれたのだが、観光客も大勢歩いている公園横の道路を歩いている時には、妙に押し黙って葬送の列にも見え出した。県庁の建物が大仰に構えている前を、ぼろぼろの衣装や、継《つ》ぎ接《は》ぎの持ち道具を手にした集団が通り過ぎるのを見て、観光客や街の人々は唖然《あぜん》とした面持ちだった。

通りがかった一人が、列外に立って誘導していた袴姿の寮役員に問い掛けた。「これ、何の行列ですのん」。会計委員の古山くんが「あの幟《のぼり》を見てください、あそこに書いてあるでしょう」と指さした。そこには、特別書道課程の先輩が墨痕鮮やかにしたためた「学大柿ノ木寮」の文字が翻《ひるがえ》っていた。「ああ、学大はんでっか」とその妙齢の女性は言葉を返したが、はたして納得したのかどうだか。横で聞いていた人が、「あんたら、太鼓とか、音の鳴るもん使うたらええのに」とアドバイスしてくれた。古山くんは、大いに感謝の言葉を述べてから、慌てて先に進んだ行列をカラコロと下駄の足で追いかけた。

吾輩ら鹿から見ても、その行列は奇妙奇天烈だった。しかし、その行列の進む先にもっと奇天烈な姿を認めて、行列も鹿も固まってしまった。その奇妙さとは、女性二人が立ち話をしているその一人がやけに筋肉隆々であったことだ。スカートもカーディガンも地味な取り合わせで、手にしたポーチもシックだったのだが、全体像が強烈に何かをアピールしていた。スカートから伸びた足はストッキングから弾け出そうだったし、盛り上がった肩胛骨《けんこうこつ》には気迫が籠もっていた。行列の一人が上げた叫び声で、寮生らは事態を理解した。

そこに立っていた女性二人組、と見えた一方は実は寮生だったのだ。そのことに気付いた後輩が大声で、「ああ天野せせ先輩……」と叫び声を上げ、しだいに声の最後はかそけく消え入ってしまった。居並ぶ行列の面々も呆然の体《てい》で口を半開きのままだった。振り返った天野先輩は、にょきっと伸びたストッキングの足で仁王立ちになり、「柿ノ木寮の諸君、君らの雄々しさとはその程度の浅薄さなのか」と一喝したのであった。

先輩の言いたいことはどうやら、「雄々しさなどと声高に言い立てるのは、己の内奥《ないおう》に秘められた女っぽさを隠そうとしているからだ」ということらしい。しかも、その女々しさを恥ずべきものと見なしている。それは悪しき男尊女卑の無自覚な継承でしかない。柿ノ木寮生こそが、世に率先して己に潜む女性性をありのままにさらけ出すべきなのである、と。そこで天野先輩は、自分の彼女に頼み込んで衣装を借り出し、仮装行列を先回りして立ち話風に彼女と待っていたというのだ。ここでは、助け役を果たした彼女の意欲にこそ注目すべきに思えた。

吾輩ら鹿の中にも、何でもかんでも雄が決めて、それに雌が従うのが当然だと疑う様子も見せない牡鹿がいる。逆に、何でも雄に決めてもらうことに安心し切っている牝鹿もいる。まぁそれで、うまくいっているうちはあまり問題化しないのだが、緊急事態で問題が一挙に顕在化する。と言うのも、緊急時に生き延びられるのが牡鹿と限ってはいないからだ。と言うよりも、牡鹿の勝手な思い込みが、付き従う群れ全体をかえって危険な状況に引きずり込んでしまうことは、よくあることなのだ。

男臭さの中に一輪の花を抱きながら、仮装行列は街中を練り歩いて行った。目指すは女子寮中庭であった。

仮装行列のそもそもの目的は、寮祭の景気付けだった。では、その寮祭のそもそもの目的はと言えば、いろいろあったに違いないが、一つには公明正大に女性を寮に招じ入れられることであった。個室開放と名付けられた行事は、いつからか、どの部屋が何人の女性を招いたかを寮生間で争う競技と化していた。そして、最も来訪数増加を期待出来たのが、女子寮である梅乃香寮の寮生達であった。

柿ノ木寮生は、これまでもコンパの勢いに乗じて何度となくストームをかけていた。しかし今回の仮装行列では、酒の力を借りることもなく昼間に女子寮へと入り込むことになる。そこでの自己アピールが、梅乃香寮生に好評を博したなら、続く寮祭個室開放での来訪は確実になるはずである。ひときわ力のこもったアピールがそこで展開されることとなった。

吾輩ら鹿にも、雄が自己アピールに必死になる時がある。繁殖時期を控えて、若い牡鹿は、自分の俊敏さや健康美を牝鹿の前で誇らしげに見せびらかすようになる。そんなプレゼンテーションを見て、雌は品定めをしてカップル誕生となるのだが、そこには生き物として本能が仕向ける必然があった。ところが、柿の木寮生の雄々しさアピールには、切実さの感じられない作り物感があった。

三階建てコンクリート造りの梅乃香寮中庭で、柿ノ木寮生が順に雄叫びを上げていった。日本男児ここにあり、といった大仰な言い回しが続いた中、ひときわ女性陣の喝采が集まったのは、何とあの女装で登場した天野先輩の番だった。「あま姐さん！」のかけ声も飛び交った。梅乃香寮生は、奥深い男性性を見抜いていた。


既に時刻は夕暮れ時に近付き、梅乃香寮の中庭はぼんやりと見えるだけだ。そうしたほの暗さの中で、天野先輩のストッキングの脚がひときわ妖艶《ようえん》な光を放っていた。先輩の脚は高校時代からのラグビーで鍛えられ筋肉隆々だったのだが、その脚線がミニスカートから伸びている様は、見る者に生唾を飲み込ませるような緊張を与えるのであった。

先輩は中央に歩み出ると、大声で叫ぶ訳でもなく呟《つぶや》くように次のように語りかけた。

「雄々しさを誇示することが、同時に女々しさを蔑《さげす》むことになるのなら、それは大きな間違いである。男でも女でも、その存在のままに自分らしさを発揮すれば良いのである。柿ノ木寮の寮生の中に、そうした人間観があることを、ぜひ、梅乃香寮の寮生諸君にもお伝えしたくて、かく詣で来たったしだいであります。ご静聴、感謝します」と。先輩が一礼すると、中庭が一斉に鳴り出した拍手の音で埋められた。柿ノ木寮生も盛大に拍手を繰り返していた。

考えてみれば、吾輩ら鹿に限らず山で暮らす動物の多くは雌雄の別で役割を分担している。それは生活環境が厳しく、そうした分担に頼るしか生きる方法が無いからである。食べ物を探すだけなら個体ごとに何とかなるが、例えば子育てと外敵の撃退などは両立させにくいのだ。これは動物としての本能に基づく行動パターンなので、この役割分担を不合理な差別だと問題視する鹿仲間は居ない。でも人間は本能だけで生きている訳ではない。動物としてではない、人間としての行動に文化が生まれる。その文化が、男女差別を作り出してしまうこともあるのだ。天野先輩の指摘はそういう深い意味なんだ、と男子寮女子寮の寮生は納得したのである。

万雷の拍手でミニスカート姿の天野先輩が退場すると、梅乃香寮の中庭は再び静まりかえった。その静けさは、窓から顔を出し、柿ノ木寮生による仮装アピールを眺めていた女子寮生達が、先輩の投げかけた社会における性差別批判を、自分の中で反芻するようにしていたからに相違なかった。そのしばしの沈黙の後、中庭中央に歩み出たのは、頭を包帯で巻かれた密林の王者だった。

玉森くんは緑色の腰巻きに緑色のTシャツをわざとボロボロにして身にまとっていた。その頭に草で編んだヘアバンドをしていたのだが、その上に白い包帯が巻かれ、さらにその包帯には誰かが付けた血糊がにじんでいた。この緑と赤の補色関係が、一挙に中庭にチャリティー感覚を呼び起こした。梅乃香寮生からの「きゃーかわいそう」などいう叫び声が飛び交うことになったのだ。玉森ターザンは、一言も発しなかったのに、まるで悪逆非道な密猟者達を懲らしめて帰って来た満身創痍《まんしんそうい》をアピールした。力なく上げた右手を、ひらひらと振る手付きに、過敏に反応した嬌声がいつまでも続いていた。

吾輩ら鹿は、人間のこうした過剰な思い入れに、正直付いて行けない。この場合は、母性本能が刺激された女子寮生が「庇護しなければ……」と叫び続けたようだ。牝鹿では、こんな感情移入はあり得ない。何故なら、そんなことをしているうちに、守るべき子鹿はどこかに自分で行ってしまうからである。とするなら、梅乃香寮の寮生達も、自分達のために叫び続けていたのかもしれない。「弱きを護る」というテーマが女子寮に沸き起こったのなら不思議な話である。もう一つの不思議は、柿ノ木寮でその後に包帯ファッションが流行したことだ。でもこれはあざとすぎて、顰蹙《ひんしゅく》ものだった。

第十二話　右顧と左顧

血気盛んな学生が住まう柿ノ木寮なので、議論が沸き起こると様々に主張がぶつかり合うことがある。その興奮が収まらず、場外乱闘のようにして尋常ならざる刃傷沙汰にまで至ることもある。寮生会議は、公の議論の場と見なされていて、そこでは極端な主張の応酬は控え目になる。しかし、日頃の生活の中で生じた議論は、時に激しく論敵を批判罵倒する場合もあった。そうなると双方、引くに引けなくなり、議論は結論に至る遥か手前で膠着《こうちゃく》し水入り延長となることが多かった。

ある時一人の寮生が、自分が家庭教師をしている先の高校生を寮に連れて来たことがあった。以前、鹿がくわえた新聞紙に点火した火祭り事件の多田くんであった。そういう過去の経緯もあったので、吾輩ら鹿がいつも注目していた寮生である。その彼が連れて来た高校生というのが、これがまた印象的な全身愛国少年だった。

吾輩ら鹿の中にもオーソドックスな生活を絶対に崩さない一団があって、彼らは昔からの食習慣を律儀に守り通していた。おかげで成長は遅く、体格もこじんまりしていた。一方で新しい物好きの若い鹿が、観光客の差し出すお菓子などを食べて体格が向上していくのとは対照的である。その愛国少年も、体格は昔ながらの日本人っぽく小柄で引き締まっていた。特徴はその頭で、ポマードで固められた髪は砦《とりで》のようにそそり立っていた。リーゼント頭の少年は、彼が亡国の徒と見なす民主的云々の主張を論破すべく、柿ノ木寮に挑みに来たのであった。

学校で教員らがストライキをすることが話題になったことがあった。そのことについて、憂国の士である愛国少年は、教員を目指す学生達を問い詰めるつもりであった。その日は、休みだったというのに、朝からの雨で柿ノ木寮内には、外に出そびれた寮生が多くたむろっていた。そんな部屋の幾つかを、論敵を捜す少年と彼を連れて来た多田くんの二人は巡っていた。ある部屋では次のような会話が交わされた。


「学校の教員が仕事を放棄して社会に迷惑をかけるのは、許せないことだ」と少年。

「自分達の主張を社会に訴えようとしての行動だと理解している」と寮生。

「何かを言いたいなら他にも方法があるだろう。集団で強引に意見を通そうとするのは暴力的だ」と少年。

「多くの同調者が居ることを示すのは、真っ当な手段だと思うが」と寮生。

単騎で走るバイクなら誰にも注目されないが、集団になった暴走族には目を向ける。あれにも何かの主張があるのじゃないのか、と寮生が口にすると、少年は急に目をつり上げて、族の話とストライキの話を一緒にするなと大声を出した。彼の純情が何か汚らわしいものによって冒された気になったようだ。

吾輩ら鹿にも、こうした純情はよくあるものだ。でもたいていは、自分勝手な思い込みだったと後で気付くことになる。でもこの時の少年の純情は、新品の撥《はっ》水加工雨合羽のように、汚れを撥《は》ね飛ばす気迫に満ちていた。

「だいたいが、いつも規則を守れ守れと言ってるはずのセンコーが、自分からその規則を破ったらあかんやろが」と少年は憤る。「そりゃそう見えるかもしれんけど、労働者には基本的にはストライキの権利っちゅうもんがあってやな、そういうことも規則になってるんや」と寮生が返す。それに対して少年は、さらに畳みかけて、「学校に来ている生徒達が困るやろが、生徒を困らしてええ訳ないやろ、何、勝手なことほざいてんねん」と激怒した。

少年が見せた、学校で勉強が出来なくなることを嘆く姿に、一緒に居た多田くんは大いに驚いた。いつも家庭教師で行った際には、少年がちっとも勉強する気を見せないからだ。「そんなダメ教師達は、どんどん学校から追放せなあかん。そのために行動する必要があれば、一番最初に突っ込む役をわいはするんや」と少年は舌なめずりするような表情を見せた。時に純情は、激情へと暴力的な進化を遂げるようだ。

そう言えば吾輩ら鹿でも、純情過ぎて周りからすっかり浮いてしまう若い連中がいる。自分達は神鹿《しんろく》としてのプライドを持つべきだ、と孤高の極みに自分を追い込んでしまい、観光客などのエサに見向きもしなくなり、わざわざ山の奥まで出かけて行き、そこで厳《おごそ》かな採餌《さいじ》を続けたりする。しかしそのせいで、どんどん痩せこけてしまい、最後は脚をふらつかせるようになって、長老鹿から諭《さと》される羽目になるのだった。

少年のダメ教師への糾弾《きゅうだん》が強まるにつれ、反論する寮生は居なくなり、それよりも自分にとばっちりが及ばぬようにと身の安全を気にするようになった。そんな雰囲気の中へ、お伊勢参り（この場合はパチンコのこと）から帰寮した丸谷くんが加わって、場の空気は一転したのであった。

「そんなに学校へ行きたい、て思うてる子が居るんやったら、そりゃ簡単にストなんぞやったらあかんわな」と丸谷くんが大きな声で応じた。上背のある丸谷くんだから威圧感を与えそうなのだが、髪の毛のカットの仕方がおかっぱ頭に見えるので、そのアンバランスさ加減が初対面の人を困惑させてしまう。その時も、ポマードで固めたリーゼント少年は、丸谷くんの登場にいささか戸惑った表情を見せた。

「当ったり前やろが。子ども達をほっぽり出して、何が教育や。偉そうなことぬかすな」と少年は丸谷くんの背丈に負けない気迫で大声を返した。眼光鋭く見返した少年に、丸谷くんは「あんた若いのにしっかりした考えしとんねんな。たいしたもんや」と、自分もたいして年寄りでもないのに微笑み返した。少年はちょっと照れ笑いの顔になった。でも慌てて三角の目を作り、今度は周りの寮生達を睨《ね》め回した。そういう憎悪むき出しの視線に向き合うことが少ない寮生達は、曖昧な表情のままにうつむいてしまった。

吾輩ら鹿の多くも、実は微妙に気持ちの変化が表情になって表れているのである。ほとんどの人間は、「鹿は表情に乏しい」などと思い込んでいるようだが、それは間違いだ。吾輩らも細やかな表情を互いに交わし合っているのである。まずは吾輩らの目の色に注目してほしい。見詰めていればそのうち、鹿の気持ちの揺れを感知出来るようになるだろう。

さて、丸谷くん、「実はな、先生らも、学校に行きたがってんねんで」と畳みかけたのであった。

丸谷くん曰く、「学校のセンセっちゅうのは勉強を教えたくて毎日学校へ行ってるんや。あんたが学校へ行きたがっているのと同じようにセンセも行きたがってるっちゅう訳や。それなのに、何でその好きなことが出来なくなるストライキなんぞをすると思う？——そこがこの問題の一番の胆やな」

学校に行きたいんだろってところを強調されて、少年は少しはにかむ表情を見せた。丸谷くんはそれを見逃さずに畳みかけた。「好きなことを我慢して願掛ける、ちゅうのがあるやろ？――よく、おばぁちゃんとかが甘い物断ちとか茶断ちとかしはるの、聞いたことあるやろ？」

少年がかすかにうなずいた。丸谷くんが続けた。

「それとおんなじように、センセらも自分の好きなことを我慢して、もっと大事やと思うことを実現させようって思うてはんねん」

吾輩ら鹿は願掛けみたいなことを、あまりしない。理想として描く将来の幸福に期待するより、今現在の確実な安楽を好むからだ。そんな生き方を刹那的《せつなてき》と人間は言うかも知れない。吾輩もそれに同意する。そして同輩の鹿達に、もっと先々に期待する生き方に思いを馳せよ、と語りたくなるのだ。

学校のセンセ達がストライキをしなくなった。センセだけに限らないかもしれない。ストライキが無いという事実は、思い描いた理想が達成されたからなのであろうか。あの時の少年が、その後に発憤し理想に燃える若き教師になって後進のために教鞭を執った、という話にまとめられたなら、吾輩も気持ち良く話を納められるのだが……。

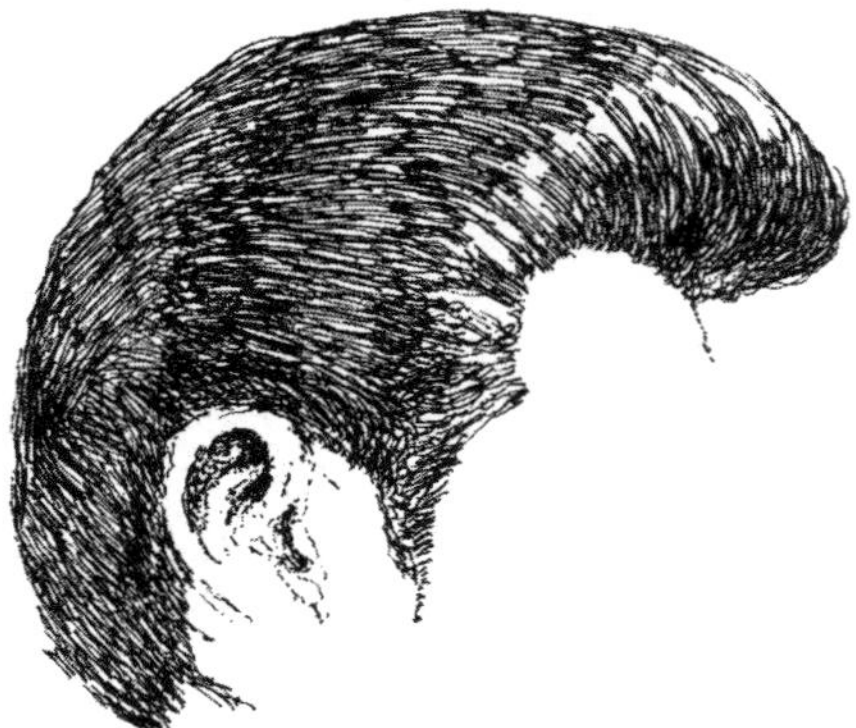

物の章

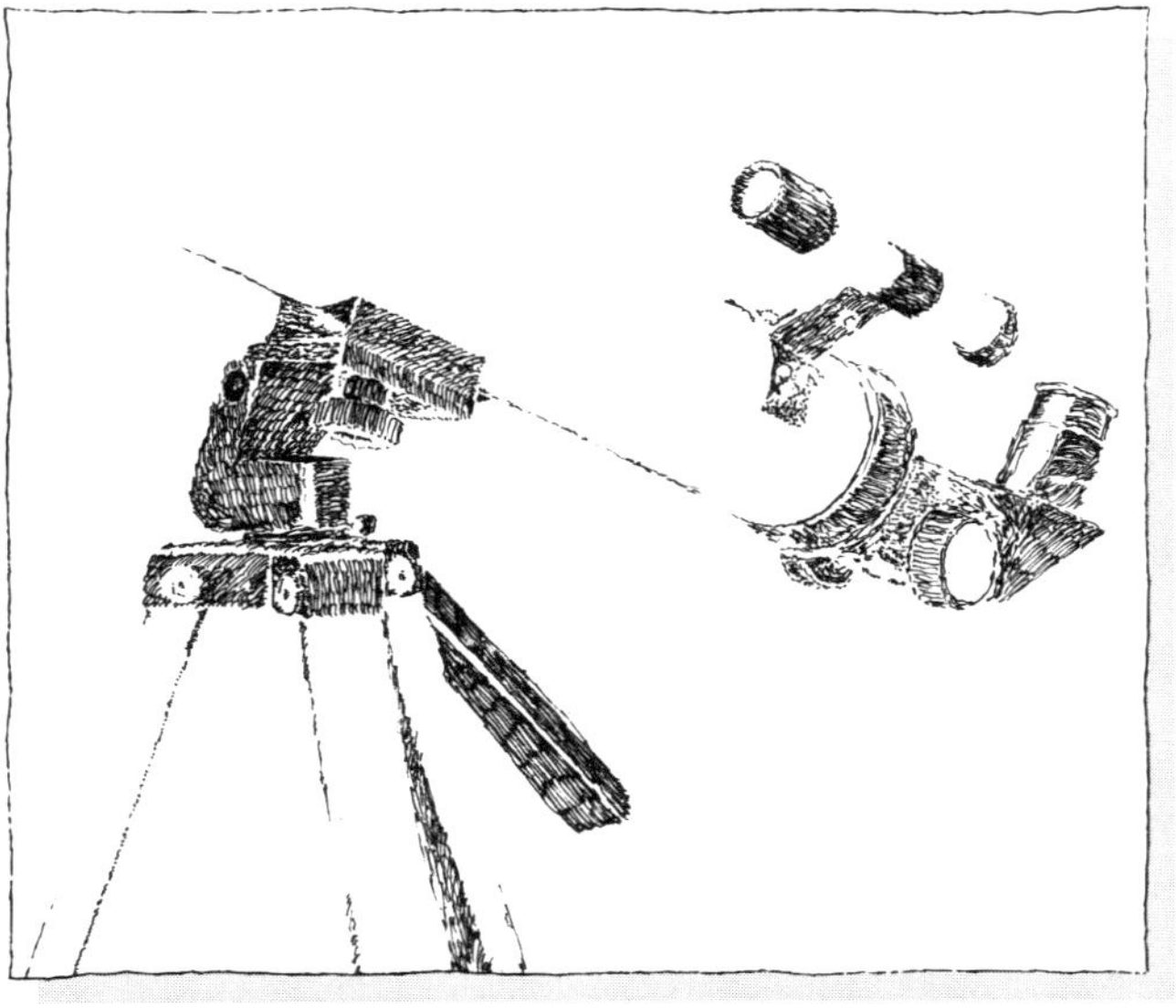

第十三話　サンダルは靴か？

木造二階建ての柿ノ木寮は、中庭を挟んで二棟が平行に向き合っている。そして食堂と浴室と娯楽室は別棟になっており、その間に車の通る広い道路が通っている。その道は、かつては先に伸びる山のドライブウェイまで続き、観光バスが走っていたことから観光道路と呼ばれていた。道幅十五メートルほどの舗装路で両側に歩道もあった。そこを寮生達は、朝な夕な車の合間を縫って横断する訳である。

この有り様は、吾輩ら鹿が見ても妙な景色である。たとえて言うなら、家の中で食事のたびに玄関を出て道の向かいの食堂に通うようなものだ。風呂上がりにバスタオルで体を拭きながらうろついていると、目の前を買い物カゴを下げたご近所さんが通り過ぎて行く感じになる。汗ばむ季節であっても、風呂上がりに服を着てから自室に戻るのは、かなりしんどい話だ。どうしてこんなことになったのか。

実は、柿ノ木寮の敷地を割る形で道路が後になって通されたからだ。つまり昔の寮は敷地が一体になっていて、パンツ姿でうろついたところで、ご近所さんに気を遣う必要はなかったのである。この寮を分断する道路のために、寮生達は常に一般社会との接触を余儀なくされていた。このことは、内々に籠もりがちになる性向の寮生や、ある限定された年頃に自意識が亢進《こうしん》する際には、結果的であるにしろ大きな救いをもたらした。つまり、自分自身を客観視する外在の視点を、柿ノ木寮生達は必然的に体得することになったからだ。

さて実生活ではそんな小難しいことより、もっと下世話なことが問題となっていた。つまり、居室と食堂の行き来の際の履物をどうするか、という話である。寮生の多くは、寮の板張りの床をサンダルで歩いていた。そのまま食堂まで行き来して、特に問題は起きていなかった。それがある時、「道路は外なのだから靴が相応《ふさわ》しい。しかし、その靴のまま寮の廊下を歩けないのはおかしいではないか」と寮の内と外の再定義を求める問題が惹起《じゃっき》したのである。

問題提起は例の如く、寮生会議の場で行われた。最初は聞き流されそうな、小さな呟《つぶや》きに似たお願い事だった……。一人の長老曰く、「最近寮の廊下を革靴で歩くような音がすることがある。それは昼寝の邪魔になる。廊下は家の中なのだから、靴を履き替えてスリッパかサンダルで歩くべきだ。そうしないと気になって落ち着けない。それでは徹マンで負けてしまい困るではないか」と最後は少しお茶目に締めくくっていた。もちろん徹マンとは、徹夜麻雀のことである。

その発言に対して、その革靴の当人だった訳でもないと思われるのだが、一人の寮生が疑問を呈した。曰く、「寮の廊下が家の中であって靴の履き替えが相応《ふさわ》しいのなら、我々が食堂の行き帰りに横断する道はどうなるのか。あれも家の中なのか」と何やら仕込み杖のような剣呑《けんのん》な気配。たじろぐ長老連と寮役員、ざわつき出した寮生一同、会議場である食堂の空気が急に張り詰めた。

いつもながらのレクリエーション気分の会話で、その場を和ませつつ長老がお小言を言い放ったな、と吾輩ら鹿達も窓の外で聞いていて思った。寮生が一堂に会する毎月の会議は、どことなく祝祭的な気分を駆り立てるものだったからだ。それが、一転して緊張の場に変わった。スリリングな展開を予想させたので、鹿たちをも固唾《かたず》を飲んで注意を向けた。よし頑張れ、そうだもっとやれ！――という感じ。何をどう頑張るのかは、よう分からへんのやが。

「家の中だから靴を脱いでスリッパに履き替えよ」が正しいのなら、そのスリッパで行き来する食堂との間の道も家の中だということになる。そう考えていいのだな、とその質問者は議論の前提を確認していた。でも、これには落とし穴がありそうだ。もし横断する道路が家の中だとすれば、そこを家の中だと思う行動をしてもいいはずだ、と畳みかけて来る可能性がある。そうなれば、「家の中だから素っ裸で横断してもおかしくない」と言われそうだ。いや、実際にやってしまいそうな寮生も居る訳だし。

いくら何でも、素っ裸で一般交通の用に供する道路を歩くのは問題だろう。もしそんなことになれば、寮役員は苦情対応に追われ、場合によって警察沙汰にもなりそうだ。そんな厄介事を引き起こす奴は居ないと思いたいが、ここは柿ノ木寮だ。安心は出来ない。現に、寮の裏庭をパンツ一丁で歩き回る先輩の例もあった訳だし。

役員にとっては、悪い予想は決して冗談ではなく、すぐに現出しそうな具体的な恐怖であった。寮生会議の長老発言を援護すべく寮役員は、寮の廊下は家の中だが食堂への道路横断は公共の場であるという説明をしなければならなくなった。家の中ならスリッパかサンダルが相応しい。しかし、外では靴だ。サンダルはここに来て、寮生活における内と外との概念を分け隔てするメルクマールとされた。ではサンダルとは何か。それを履いていれば家の中であると確定させ得るサンダルを、どのように定義出来るのか。また、それに対峙し屹立する靴は、家の外を規定するものとなる。靴とサンダルで寮生は家の内と外を実感することになるのだ。

サンダルは脱いだり履いたりしやすい構造を持っているのに対して、靴は一度履くと簡単には脱げない履物である、と誰かが二種類の履物を定義する発言をした。寮生会議の参加者の大半は大きく頷いた。すると恐る恐るという感じで一回生が手を挙げて質問した。「自分のサンダルは踵《かかと》の部分にずれないようなヒモが付いています。これがあるとサンダルじゃなくて、靴になるのでしょうか」と、か細い声が妙に情感に訴えた。脱ぎ履きだけではサンダルを言い尽くせないことに寮生は気付かされた。

「問題はそう捉えるべきではなく、サンダルは寮内で使う物だ、と限定することではないのか」と別の一人が発言した。つまり、サンダルの形状がどうのこうのではなく、それを履いて外を歩き回るのなら、それは寮内で履いてはならない物だ。寮内と食堂とだけで履く物を決めておき、それは外出の際には使わないことにする。外靴と内履きを厳密に使い分けることが本来の目的に適《かな》っているはずだ、と主張した。多くの寮生が困った顔になった。

寮生の多くは、外を歩くのにも寮内を歩くのにも一つのサンダルで済ませていた。言ってみれば水陸両用である。サンダルは長距離を歩くのには不向きで、時には足の皮膚が擦《す》り剥《む》けたりするものだが、寮生の足は鍛錬を積んだ結果なのか、サンダルでの大学往復や街中の買い物ぐらいどうってことはなかった。猛者の中には、帰省先である隣県までの往復もサンダルで済ませる者もいた。外靴を別に用意すべきとの発言は、論旨そのものよりも、実生活に金銭的負担を生じさせることで却下の憂き目にあった。吾輩ら鹿には、蹄《ひづめ》の履き替えなどあり得ないので、この問題の大変さを実感出来ない。つまり、全くの傍観者的立場で論議の帰趨《きすう》を楽しめた。

このままでは、サンダル履きで気ままに歩き回ることが出来なくなるかもしれない。何とかこの窮状を脱する理論を絞り出さなければならない、という課題に、寮生全員が難渋していた。

寮の内と外の分け隔てを、履物に託さねばならないところに、柿ノ木寮の奇妙さが表れていた。それは開放的とも言える実態であったし、いい加減さを示すものとも言えた。規律の緩さと見る向きもあれば、個人の自覚に依拠する自由の気風と見る向きもあった。

秩序立てることで安心を得られると考える一派は、その後もサンダルと靴の定義を何度か試みた。「何となくそうじゃないよな」と感じる一派は、各種の定義に例外を示しそれらの不完全さを突いた。「それではどうやって内と外を区別するのか」と定義派からねじ込まれると、何となく派としても強く主張出来る見解は無かったのである。

こうしたどうでも良いと思える問題に、これだけの時間と労力を注ぎ続ける柿ノ木寮生達を見ていると、吾輩ら鹿もついには呆れてしまう。この寮生会議の時も、最初は吾輩の周りに数頭いた仲間の鹿も、最後には飽きて山へと引き上げてしまった。さもありなん、である。堂々巡りのような議論では、たいがい飽きてしまうものだ。それを何故この寮生達は、議論を続けるのだろうか。

議長をしていた三回生の室長が、そろそろ結論を出すことにしたい、と終結を予告した。議長は、最初にこのテーマを投げかけた長老に発言を求めた。長老は申し訳なさそうな口ぶりで、「自分は革靴で廊下を歩かれると音がうるさくて困ると言いたかっただけだ。こんな大袈裟な寮の内外定義論争になるとは思わなかった」と呟《つぶや》いた。食堂への横断を寮外だから靴が当然だと言った寮生も、これだけの紛糾を予想していなかったと感想をもらした。その声には、精根尽き果てた色が見えていた。

つまり、寮生会議でこれだけのエネルギー消耗を強いられるような議題を誰も軽々しく提起すべきではない、というのが結論になった。革靴で廊下を歩くのなら、それだけの覚悟をせよ。誰かに見咎《とが》められても寮生会議で論陣を張る決意があるなら好きにしろ、ということになった。そして最後の最後に寮生の多くは、「そう言えば革靴を持つ寮生は極少数だ」という事実に気付いたのであった。

第十四話　爽《さわ》やか地獄

もはや戦後ではないと、時の経済白書が宣言した頃に、柿ノ木寮は木造で新築されたという。場所も街中の一画から、現在の地である原始林近くの森の端に移転した。当時の様子を知る寮食堂のおっちゃんが、昔語りをしてくれた記録が寮の機関誌である『松籟』に残っている。それによれば、新築なった寮の見学が多く、その佇《たたず》まいやロケーションは、ことさら高い評価を得ていたそうである。それはそうであろう。何せ、吾輩ら鹿の存在も、そのイメージ作りに貢献していたはずなのだから。

寮は居住用の二階建て二棟と、食堂と娯楽室と浴室を持つ平屋の付属棟で構成されていた。それぞれ建築年度は少しずつずれているが、だいたいは一九五十年代の前半に完成している。もっともその後に寮の敷地を縦断する形で観光用の道路が新設されることになり、南寮と呼ばれている一棟が家曳きで北寮寄りに移動している。ということで、南寮は土台と切り離されているから、台風で転《こ》けるかもしれないと、寮の古株は強風に戦《おのの》く新人をよくからかっていた。

居室は各階八室ほどで、入口ドアを入ると二段ベッドが向き合っている。それに続き開き戸が付いた物入れが二つずつ向き合い、窓際には衝立を挟み机が二つずつ向き合っていた。つまり一室の定員は四名。寮全体でも百名弱の定数だが、二人部屋や三人部屋ばかりで一室四名の満員になる部屋はほとんど無かった。加えて時代の傾向として、個室を求める要望が高まって来ているということで、しばらく寮生活を送った後に、下宿やアパートへ引っ越す退寮者は少なくなかった。

別棟になっていた食堂には娯楽室が並んでいて、そこにはピアノと卓球台が置かれていた。ショパンを弾きこなす手合いがいるかと思えば、卓球に興じるあまり気合いが入り過ぎて、近所から苦情が寄せられたこともあった。若い鹿の中には、この部屋の側に近寄ることを避けるものも居た。寮生の過激なパフォーマンスに驚かされて慌ててしまう若鹿の気持ちは、充分に理解出来た。

食堂のおっちゃんが語るのは、戦後すぐの頃に厨房仕事に就いてからの寮生気質についてだ。戦中の軍国調が色濃く残っていたせいか、武張《ぶば》った話がいくつか出てくる。寮機関誌の『松籟』には、戦地から帰還した寮生も多く居たことが記されている。上回生への挨拶を欠いたといって、風呂場の陰に下回生を呼び出し鉄拳制裁を加えた場面に出くわしたこともあったという。当時は寮生達とも年齢が近かったおっちゃんは、何度かそれを止めに入ったという。また、街中に出かけて酔っ払い、さんざん暴れたある寮生は、進駐軍のＭＰに連れ戻されたりしたこともあったそうだ。

そんな野卑な話もあれば、寮祭の出し物に素人芝居が演じられて、それを楽しみに市内から多くの見物客が押し寄せたこともあったらしい。それはきっと、娯楽に乏しかった当時の生活を物語るエピソードなのだろう。寮生達は、カツラを手製で用意したり、衣装を借りて来たり、書き割りの大工仕事に発奮したりと、お客の期待に応えようとしたらしい。剛直一点張りの時代からの変化は、こうした場面に現れて来ていたのかもしれない。

吾輩ら鹿にとっても、それまでの耐乏生活に呻吟《しんぎん》する人間達の余裕の無さは切実な問題であった。時代に余裕があればこそ、神の使いだと言って大事にもされようが、人間が食糧にも事欠くようになると、そんな悠長な話ではなくなってしまう。実際に食糧として、鹿が襲われたこともあったと聞く。背に腹は代えられぬ、と言われているが、鹿にとっては神鹿からただの肉まで扱いの差は大きい。鹿の命は、世の中次第で紙一重、となる訳だ。これ、神と紙を少しだけ意識したつもりである。

とそれでは、風呂の話に戻ろう。おっちゃんがよく下回生いびりや喧嘩を止めに入ったのは、風呂場の陰だったりした。この風呂場に関して、柿ノ木寮では「爽やか地獄」の話が、何ともいじましく伝わっている、という話なのである。

普通なら「爽やか」であると気持ちが良いはずで、それがどうして「地獄」などと気持ち良く思えない名詞を修飾することになるのか。毎年風呂場で、何人かの新入寮生が、この爽やかでしつこすぎる歓迎を受けていた。

柿ノ木寮の浴室は、別棟のはずれにある。木造平屋の造りで中はタイル張り、湯舟はゆったり十名程が入れる。壁の洗い場には、湯と水のカランが五セットほど並んでいるが、シャワーは少し離れた壁に固定された二台だけだった。このシャワーを使って洗髪するのは難しく、勢い良く頭を振り過ぎると湯舟に雫が飛んで行ってしまう。それを面倒に思う上回生らは、洗い場で洗面器にお湯を溜めてサササッと済ませることが多い。ところが、洗髪はシャワーでするものと思い込んでいる新入生は、よく周りを見ないまま一心不乱に頭を洗い出す。

最初は、ほんの冗談交じりで忠告するつもりだったようだ。というか、誰が最初に始めたのかは確かめようがないので、そのように限定付きでも善意があった、としておきたい寮生達の思いが込められていると理解出来よう。例えばこんな風にして「地獄」は出現する。

新入生のA君がシャンプーで洗髪し終わって、リンスをかけて濯《すす》ぎ出した時、二回生の越塚くんがシャワーを使っているA君の横からシャンプーを彼の頭に垂らすのである。泡立ちがなくなるはずが、何故かまた泡だって来たことに、A君は不審がって目を開けて辺りを見回すが、既にその時には越塚くんの姿は無い。あれれと思って、また泡を流し落とそうとして再度リンスをかけ濯ごうとする。そうしてシャワーを浴び出すと、また越塚くんのシャンプーが垂らされる。

こうしてA君は、幾度となく繰り返される爽やかさから抜け出せなくなる。吾輩ら鹿には、洗髪という習慣が無いので、この時のアンビバレントな感情を想像することは難しい。でも、気持ち良さにも限度があることは、何となく想像は出来るのだ。

この越塚くんなる人物は、上背は無いが体躯はころっと丸くて見た目の押し出しが良い。いささか鈍重そうな印象を与えるのに、なかなかどうしてその運動神経は鋭く身のこなしは軽い。そうであるからこそ、シャンプー滴下後に素早く洗い場に戻ったり、出口近くで体を拭ったりの何気なさを演出出来ていた。この人物にして、為し得るイタズラと言えるのかもしれない。とは言え、いつ果てるともない爽やかな泡立ちに、新人くんは苛立つが、何故そうなるのかの真相は、なかなか見定め難いのである。

どうやって、この永遠に続くかのような爽やかさから逃れるか、新人くんにとっては切実な問題である。もしかすると自分はイジメに遭っているのだろうか、と不安が頭をもたげて来ることもあろう。そうやって内向し出す前に、すべきなのは大声を出すことのようだ。「どうしたんだ！」でも、「わぁ誰がやってるの？」でも、とにかく声が出ると、その永遠に思えた爽やかさは終了する。もしそれでも続くなら、それはイタズラを通り越したイジメになっていくだろう。イタズラ、イジメ、イジワル、イヤガラセ、イヤミ、イチビリなど、人が人にからむ言葉はイで始まるものが多い。何故だろう。

人を笑わせるのに長《た》けていた越塚くんが四回生になり、間もなく卒業という時期の話。彼が浴室で下回生に大声を上げたことがあった。寒い時期である、脱衣場との出入りで冷たい風が浴室に入ってくるのは辛い。下回生の一人に越塚先輩が、引き戸の反対側を使って素早く出入りしろ、と怒鳴った。一緒に風呂に入っていた者達は、しずしずとそれに従った。その中に長老の六回生が一人いて、その彼も反対側の戸から出て行った。その場に居合わせた者は、「長老にまで注文を付けたのか」と思った。すると一度閉まった戸が開いて、その長老が「越塚、これでええねんな。こっちの戸から出たらええんやな」と聞き返して来た。慌てた様子で答えに窮したその時の越塚先輩には、答えるまでの間、冷たい外の風が吹き付けていたのであった。

風呂場にまつわる話には、古くは下回生の欠礼（つまり上回生に敬礼をしなかった、ということ）を口実にビンタをとるという派手な出来事も昔はあったそうな。そんなに古い話ではなく、しかもそんなに派手な話でもないが、やはり爽やかさと地獄の二律背反が同居する話がある。その話の寮生は意固地に寮のシャワーに拘《こだわ》っていた。

新しく入寮して三ヶ月も過ぎると夏っぽくなり汗をかき出す。授業のある時期には隔日の入浴が出来たが、夏休み期間中は食事も入浴も基本的には提供されない。そこで寮生達は自炊をしたり近くの銭湯に出掛けたりすることになる。自炊も何人かで順に当番を決めるシステム化されたグループもあれば、毎食を飽きもせずカップラーメンで済ませる輩も居た。でも入浴だけは、たいていの寮生が銭湯へと足を運んだ。

ところが一人、この新入寮生はシャワーを浴びることに執着しているように見えた。それほどまでに金に困っていたのかもしれないが、寮で暮らす分には一つ二つアルバイトをこなせば生活費は確保出来たはずだ。だからその執着には何か別な理由があったと言えそうだ。何故なら、その彼は秋になって寮食堂と風呂場が再開されるとシャワー浴びを止めたが、冬休みになり食堂と風呂が止まると再びシャワー浴びを始めたからだ。シャワー浴びを求道の道と見定めたのだろうか。かなり根性がすわっている。

夏のシャワーは、他にも利用する寮生は居た。カッと照りつける夏の太陽は貯水タンクの水を充分に温めた。ボイラーが稼働していなくても温水を浴びることが出来た訳だ。一方、冬の頼りなげな日差しは、冷たい水にほとんど影響を与えなかった。そこで彼がシャワーを浴びるためには、並々ならぬ努力が必要となった。そんな努力をするぐらいなら、何かのバイトで稼いでゆったり銭湯につかる方が賢いだろう、と吾輩ら鹿同士でも話題になっていた。つまり、その努力は実にアホらしく見えた訳だ。

冬休み期間で寮の風呂が休みの時に、どうやってシャワーを使うか。水が太陽に温められることは期待出来ない。そうであるなら体の方の温度を上げるしかない。という訳で、彼はシャワーを浴びようとする一時間ほど前に準備を始め、辺りを走り出すのであった。寮の近くには古くからの原始林である神域の森が広がり、そこには何本もの小径が穿《うが》たれていた。冬木立の中を軽快に走り抜ける様子は、運動好きがトレーニングに励んでいるように見えたが、実はシャワーを浴びるために汗だくになろうとしていただけだった。もちろんそんなことに気付く人は、一人も居なかったが。

森の中は吾輩ら鹿の生活圏なので、そこを訪れる人間達を余裕を持って観察出来る。観光客が何を見て面白がっているか、を見るのは愉快だ。吾輩ら鹿の群れを見付けては大声で歓声を上げたりしている。ちょっといい気分にもなる。参拝客の多くは拝殿を目指して最短コースを歩いて行く。たいていは足早に歩く。そんな観察の中でいつも異様に見えたのが、このシャワー男の姿だった。

自分で予定した体温に上がるまで、同じ所を何度も走った。着替えを面倒がり重ね着をするだけなので、ダウンベストの上にどてらを羽織ったりしていた。顔は必死の形相で、まるで火事場から逃げ出て来たように見えたりした。体温が充分に上がったら、おもむろに風呂場に行ってシャワーを浴びる。最初は頭だけを濡らして髪を洗う。体が濡れると体が冷えるからだ。洗髪を手早く済ませ全身を洗う。その際にせっけんを使うかどうかは、泡を流し終えるまで体温維持が出来るかどうかで判断する。無理そうなら水洗いだけにする。そんなぎりぎりの思いをするぐらいなら銭湯に行け、と誰もが思うはずだ。それなのにこの寮生は、この冬のシャワー浴びを続けた。そしてしだいに、全身洗いの時間が短縮された。

何事にも達人の域というものはあるものらしい。世の中にもし「シャワー浴び競争」があれば、きっと優勝候補の筆頭だろう。だが問題は、彼以外に誰がそんな競技に参加するかである。

第十五話　私のたわし

夏と冬の授業が無い時期には柿ノ木寮の食事は提供されなくなる。帰省する寮生が多くなると、少ない人数の食事を用意するのは割高になるからだ。自炊をする寮生は、自炊室で食事の用意をするのだが、これには本格的な料理からカップ麺のお湯注ぎまで大きな差があった。川渕という料理自慢の寮生が居た。大勢に声を掛けて出資を募り、その資金で材料を購入してはみんなで共同炊事をしていた。そのレパートリーは幅広く、三千年の歴史を遡《さかのぼ》るような中華料理を作ったりもしていた。

その際に自炊生達は共用の冷蔵庫を使うのだが、その食材の管理法にも個性があふれていた。次から次へと好みの食材を買い込んで来て、それを詰め込んだまま忘れてしまう冬場のリスのような寮生も居れば、そうした忘れ去られたドングリをほじくり出すような寮生も居た。川渕くんは、どちらかというと後者の発掘タイプで、微妙に匂いを発し始めたような材料でも上手に料理しては自炊仲間から好評を得ていた。こうした舞台裏の話を知らずに食べている分には良いのだが、何かの拍子で賞味期限がどうだった、などの話題になると、急にお腹が痛くなる繊細な胃袋の寮生も居た。自分の鼻を信じられないうちは、こうした数値情報を聞いただけで体に変調が生じる例もあるようだった。吾輩ら鹿にすれば、匂いを確かめないで食事をするのはあり得ないことなのだが。

料理自慢に限らず、自炊生は各自好みの調味料や香辛料などをそろえていた。その貸し借りは普通のことだったが、中には高級な香辛料だという至高の存在が冷蔵庫に鎮座することもあった。他人には一切手を触れさせるものかとの決意が、何重もの包装に表れ、他の凡百《ぼんぴゃく》を圧倒していた。それでも、時にはあっさりと使い尽くされることもあった。パエリヤのために用意していたサフランとか言う香辛料が消え失せた時、川渕くんは激怒した。必ずや、かの邪智暴虐《じゃちぼうぎゃく》の輩を反省させせなければならぬ、と決意した。

川渕くんはまず手始めに掲示板に張り紙をした。「先日、私のサフランが自炊室の冷蔵庫から無くなってしまいました。何か知っている人が居たら是非教えてください。大事にしていた物なので、私はとても悲しく思っています」などと書かれていた。柿ノ木寮の掲示板は南寮と北寮の両方の出入り口に用意されていて、一日に何度か誰もが目にするはずだった。しかし一向に芳《かんば》しい反応は無かった。というのも寮生の多くは、掲示板を見ないようにしている傾向があった。それは、掲示される内容というのが、掃除の予定だとか廊下歩行時の注意などと何やら面倒な物が多かったからだ。それで実際の情報伝播は、人から人へ直接伝わっていく口コミがメインストリームを為していた。
「何やらサフランとかいう高級品が寮内にあるらしい」「それはひと舐《な》めで恍惚《こうこつ》の境地になるそうだ」「知らずに舐めた奴がよだれ垂らして昏倒したらしい」「命に別状なかったが、それ以来いつも口元が緩みっぱなしで笑ったままだってことだ」「そんなヤバイ物がどうして寮内にあるんだ」「違法薬物で捕まるんじゃないのか」「それで証拠隠滅に必死だってことか」「関わると面倒な話みたいだな」「それじゃ見に行ってみようか」。

いつの間にか川渕くんの部屋には、引きも切らずにいろんな箱や袋に入ったガラクタが集まって来るようになった。何せ誰も実物のサフランを見たことがないので、これじゃないのか、と何でも彼の所に見せに来るからだ。そんなふうに善意をアピールして彼と関係を作っておけば、そのサフランの欠片《かけら》でも味わえるのではないか、という下心が見え隠れした。吾輩ら鹿の世界にも、「あの森の奥のあの木の実には気を付けろ、トリップしてしまうぞ」という言い伝えはあった。それでも近付く若い鹿は居たので、吾輩も柿ノ木寮生の生態は理解出来ないことでもなかった。

次から次へと噂話が伝わっていく間に、情報の主要な部分が変化していくのはよくある話だ。この時も、最初の掲示はサフランだったはずだが、いつしかサラファンと伝聞が変化し、それだとロシアの民族衣装じゃないかと修正が加わり、ああサルファンだったと言い直され、実際に存在するエンドサルファンと呼ばれる殺虫成分の名前で広まってしまった。相変わらず川渕くんの部屋には、ありとあらゆる形態の怪しい物体が運び込まれ、その鑑定だけで川渕くんの一日が過ぎて行ってしまうようなことになっていた。

掲示板にお願い張り紙をしてから数日後、代わりに張り付けられた紙には、川渕くんの悲痛な叫びが込められていた。「もう何も言わないので勘弁してください。無くなった物は諦めます。だから、何でもかんでも部屋に持って来ないでください」。

ところが事態はそんなことで収束するどころか、かえって別な方向へ拡大していった。柿ノ木寮内に、一大自炊ブームが巻き起こったのである。それまでは手軽に外食で済ませていた寮生達の間でも、自分達で食材を買い込んで来ては、それを料理し合い、お互いに味見をし合うことが増えた。それも一工夫があって、激辛とか、激甘とか、激しびれとかの過激な味付けが持て囃《はや》された。だから、食べ合う際には、相当な緊張感が毎回支配するようになった。もう以前のように、単純に食事を楽しむとか、空腹を満たすとかの欲求では、寮生の多くは満足出来なくなってしまったのだ。

吾輩ら鹿の中でもゲテモノ趣味は居るものだ。ことさらのように、他の動物の糞を齧《かじ》りたがる手合いが居る。人間が捨てるお菓子の袋などを、好んで齧《かじ》るのも居る。そんなことをすると下痢になることが多いのだが、そうなるといつもの丸薬状の糞にならなくなってしまい、一見するとポッキーのような棒状なので、ああ悪食《あくじき》したな、と傍目《はため》でも分かるのである。

寮内ミニ食事会の中でも、特に川渕くんが料理した際には、そこに集まる寮生は異常な数に膨れ上がっていた。

一挙に燃え上がった自炊ブームだったが、夏休みが過ぎて寮食が復活すると一挙に下火になった。自炊室前に列が出来ていた風景も、あっという間に過去のものとなった。柿ノ木寮の食事は朝と夜だけなので、昼食時には自炊がありそうだったが、カップ麺用にお湯を沸かす姿もほとんど絶えた。お湯だけなら各自の部屋にある電気ポットで充分だからだ。

面倒くさがりの寮生の中に、電気ポットで袋ラーメンを煮る奴も居た。水と乾麺を一緒に電気ポットに入れてスイッチを入れる。沸騰し出すと同時に粉末スープを溶かし込み、出来上がるとポットのまま麺をすすっていた。しかも食後には、そのポットにインスタントコーヒーと砂糖を入れお湯を沸かして飲んでいた。当たり前のことだが、そのコーヒーには薄く油の膜が浮かんでいた。

吾輩ら鹿というのは、葉っぱや草をむしり取って始終口を動かしていて意地汚いと思われている。誤解のないように説明しておくが、あれは決して意地汚く食べ続けているのではない。

反芻《すう》と呼ばれる食事方法で、一度飲み込んだ草を噛み戻している姿だ。つまり、食べ物をあれこれいじくり回すのではなく、食べた後に工夫して効率良く消化している姿なのである。吾輩らなりに、自分達を美食家だと自認している。そこで柿ノ木寮生達である。あれはあれで、美食家だと言えるのかもしれない、という話である。

食べる前に、技術の粋を凝らして食材を高級料理に仕上げる文化がある。それは世界各地にある。各地にあり過ぎて、どれほど自分の料理がうまいかを競い合い、優劣を付けたがる傾向が強い。しかし、それとは逆にどんな物でも、それをおいしく味わえるように自己改造していく文化もある。「電気ポットラーメンでもうまい」ではなく、「電気ポットラーメンだからこそうまい」と感じる文化である。油の浮いたコーヒーを飲む寮生達を見ていて、吾輩はそこに修行僧の求道精神を感じることがあるのだ。

薄く油の浮いたインスタントコーヒーが、どうしておいしく感じられるのか。いくら柿ノ木寮で蛮勇を誇る寮生でも、その油コーヒーを好んで飲む人間は多くはなかった。インスタントラーメンを茹《ゆ》でた後の電気ポットは、多くの場合きちんと洗われることもなく、そのままで何度もラーメンを茹でていた。油コーヒーは、そのままの電気ポットで作られるので、時に乾燥ネギや麺の切れ端が泳いでいたりもした。それでも、それらを「おいしい」と感じていられるのは、やはり特別な修行の成果ということになるのだろう。

サフラン入りのパエリアを料理しようとする川渕くんと、油コーヒーに舌鼓を打つ求道者寮生とは、水と油のように正反対な在り様に思える。ところが、この両者は不思議に意気投合することが多かった。川渕くんの技巧を凝らした食卓には、よく油コーヒーの寮生達が招待されていた。それは、油コーヒーの寮生というのが上回生や長老だったからという（パワハラのような下世話な）理由ではなく、味見をした後の彼らの講評を、川渕くんが聞きたがっていたからだった。味の表現に関して、実は油コーヒーの寮生達は繊細な感性を持っていたからなのだ。

こうした野蛮さと繊細さの共存は、吾輩ら鹿の世界でも時に見受けられる。がさつな振る舞いの多い若鹿に見えて、そいつの食べ進んだ後を辿《たど》ると、癖のある匂いを僅かに放つ草だけが食べ残されていたりする。ほんの小さな違いを、その若鹿は見極めていたということになる。そうした拘《こだわ》りが強くなり過ぎれば、一種類の葉っぱしか食べないことにもなるだろう。コアラがユーカリの葉しか食べないように。でも、実際にはそこまで偏食になることはない。油コーヒーの寮生達も、どちらかというと何でも食べる派なのだ。そして、実は微妙な味の違いに拘《こだわ》りを持っていると言えるのかもしれない。

すっかりその所在についての探索を忘れられていた川渕くんのサフランだったが、あることをきっかけに柿ノ木寮でその話題が再燃した。夏の暑さの余韻がしつこく残る時期、飛び回る蚊の種類が変わったのかして、昼間でもしたたかな吸血軍団が襲来するようになった。そんな蚊の攻撃を、昔ながらの蚊取り線香で撃退しようとする寮生が多かったが、ある時、ある蚊取り線香がいつもとは違った匂いに感じられた。最初に気付いたのは、午前の授業を終えて早めに寮に戻って来た一回生だった。

「何だか、いい匂いがしますね」と、その一回生は廊下ですれ違った長老の一人に話しかけた。長老は既に、受講すべき授業などなく、大学に出かけるのはちっとも進まない自分の卒論の弁解に指導教官を訪ねる時ぐらいだった。だからバイトが無ければ、始終寮に居た。そうして居続けていることで、少しずつの変化には気が付かなかったのかもしれない。「そうか？　匂いのことなんか、別に気にならんけどなぁ」と長老は返した。しかし、既に事態は大きく進展していた。寮の隅々にまで、これまで誰も体験したことのない良い香りが充満していた。

この時ちょうど柿ノ木寮の中庭にいた吾輩は、草を食《は》む口を止めてしばしその芳《こう》ばしさにうっとりしたことを覚えている。誰かが蚊取り線香代わりにサフランを燃やしたのか。あるいは、一時は大騒ぎになったサフランの処分に困り、証拠隠滅のつもりで蚊取り線香と一緒に燃やしたのか。いずれにしろ、この時の蚊は、どことなく優雅な所作で血を吸っていたように見えた。

夜遅く寮に戻った川渕くんは、そうした顛末を聞かされて、大いに悔しがった。まだどこかに、その香りが残っているかもしれないと、寮中を嗅ぎ回った。しかし無情にも、その痕跡はどこにもなかった。便所脇に誰が置いたとも知れない蚊取り線香の台が一つ。円錐形に燃え残った灰が心なしかサフラン色に見えて、川渕くんならずとも多くの寮生がそこで瞑目《めいもく》した。

第十六話　アウト穴の痛快

柿ノ木寮の近くには散歩道がたくさんある。だからという訳なのか、授業には行かないけれど、散歩には出掛けるという寮生が結構居る。人の手付かずで残っている自然は、人間界からはみ出し気味の寮生とシンクロナイズするのかもしれない。しかし、吾輩ら鹿にすると、大社や古刹巡りの観光客なら安心出来るのだが、散歩中の柿ノ木寮生は油断がならない。何故かと言えば、時に追い掛けて来るからだ。まぁ、吾輩ら鹿の方から、寮生を追い掛けることもあるのだから、どっちもどっちなのであるが。

夕暮れ間近の森で吾輩が見かけた寮生二人。授業に出ない暦二年目の樋田くんと演劇サークルを立ち上げたばかりの今尾くん。二人が歩いていたのは、平安時代頃から神官達が通勤に使っていたという小径《こみち》であった。「しもねぎ」の道とも呼ばれていて、霜が降りた頃の甘味の増したネギを想像してしまいそうだが、ねぎは漢字で書くと「禰宜」となり、神職の一つであり、また神職全体を意味する言葉でもある。要するに近くの大社の出退勤に神官達が通った道だった訳だ。それの下の道。この下は、どんな下なのか。

一本の道の本殿に近い方が上となり、遠い方が下になるのか。上の道と下の道が二本あるのか。探してみると、上の禰宜道というのが別にある。では上と下は何によって分けられているのか。地形的に山手にあって高い所を通るのが上の道で、谷の近くを通るのが下の道なのか。それとも、北を通るのが上の道で、南側を通るのが下の道なのか。だとすれば、古人は三次元の空間をすんなり平面に置き換えていたことになる。でもその時に、いつも北が上の向きだったとは言えないだろう。そうか、上の位の神官が通る道が上の禰宜道で、下級の神官が歩いたのが下の禰宜道だったのか。あるいは出退勤で通る道が違っていたのか。

詳細不明のその道は今、恋人同士が囁《ささや》き合う小径とも呼ばれていた。禰《ね》宜《ぎ》道であれ、ささやきの小径であれ、その名称の醸し出す情感と柿ノ木寮生の雰囲気は、あまり似つかわしくないと吾輩には思える。だがまぁここでは触れずにいよう。

春も遅い時期、五月病も気になるが、新入生も一息つく頃の話だった。樋田くんと今尾くんの二人は下の禰宜道をそぞろ歩いて大社の参道にたどり着いた。そこから山裾に沿って歩いて行き、大きな舞台を構えるお堂まで足を伸ばすコースを考えていた。参道横の駐車場を通り抜けると近道になる。二人がそこを歩き出すと、傍《そば》の展示館近くの階段に腰を掛けている人影があった。その人物は、紅毛碧眼《こうもうへきがん》の青年だった。

どこから来たのか聞いてみよう、と今尾くんが樋田くんに告げるやいなや、その青年に話しかけた。「アーユーフラムイングランド?」地図を広げていた青年は驚いた顔を上げて、「ノー、フロム、アメーリカ」と答えた。隣の樋田くんも驚いていた。どこから来たのかを問うのに、イギリスから来たのかと質問するとは予想していなかったからだ。この質問の訳を、後になって今尾くんは樋田くんに説明している。彼が高校生の頃、英語の授業中に横道にそれた先生から「米国人は英国人と間違われると喜ぶものだ。でも、その逆は嫌われる」と聞かされたと言う。それを思い出したので試してみたというのだった。実際にその青年が、そう質問されて喜んだのかどうかは分からない。しかし、警戒を解いたようで、地図を示しながら今居る場所を教えてくれと聞いてきた。

見せられた地図は、当然のことながら英語表記である。日本の古都も英語だらけの中に収まると、何だか異国めいて見えた。「ヒァウィアー」と今尾くんが指さした。横から樋田くんが、「我々は近くの大学の学生で散歩の途中だ」と付け加えた。「どこまで行くつもりか」と青年が聞いてきて、樋田くんが「ウィールゴウトゥ、ニガツドウテンプル」と答えた。英語だとそういう呼び方をするのか、と今尾くんは大いに感心した。

青年は一緒に行きたいと二人に言った。吾輩ら鹿も、この続きが気になって遠巻きに付いて行くことにした。

二十代前半、自分達と同じぐらいの年齢に思えたのに、実際に聞いてみると二十八才と答えたその米国青年は、合衆国海軍に勤めていて休暇を利用して日本旅行をしているのだそうだ。朝から大仏も見たし、五重塔も見たという。朱色が鮮やかな神殿も見終わって、さて次はどうしようかと思っていたところで声を掛けられた。それはとてもグッタイミンだ、とにこやかに説明した。

樋田くんと今尾くんの二人は、彼の話す言葉を必死に聞き取ろうとしていた。二人ともヒアリングは得意では無かったからだ。でもその様子を見て、エドウィン、つまりその米国青年も、二人が聞き取れなかったと気付くと、すぐに別な簡単な言い回しに言い換えた。双方が少しずつ歩み寄れば、意思疎通は成り立つもののようだ。吾輩ら鹿にも、人間達との意思疎通を求める気運はあるものの、人間側にその準備が無いことが多い。そういう残念な状況について、柿ノ木寮における吾輩ら鹿と寮生の間のディスコミュニケーションの例はいくつかあった。関わりというものは、いつも双方向で考えるべきものであろう。

お寺までの道すがら、エドウィンが辺りの鹿について質問して来た。「ここの鹿たちは神の使いとガイドブックにあるが、それは具体的にどんな役目を果たすからなのか」と。樋田くんと今尾くんの二人は、顔を見合わせて困惑した。確かに鹿は神様チームのメンバーであるが、それは例えばピューマがその獰猛さで畏敬の念を抱かせるような何か特殊な能力に依拠してのメンバー参入だったのかどうか。二人は説明出来なかった。それよりも、所構わず丸い糞を垂れ回る鹿が頭に浮かぶだけだった。今尾くんが苦し紛れに、「鹿の角でペン軸を作っていたなぁ」と呟《つぶや》いた。おいおい、吾輩らの神性は鹿角細工の原材料の供給だって言うのかい。と吾輩ら鹿は少々憤りを感じた。

「インジャパン、ゼアラァエイトミリオンゴッズ」と樋田くんが言った。「八百万だって?」とエドウィンが聞き返した。今尾くんも驚いて樋田くんを見たが、なるほどそういう説明もあるのかと納得したような顔付きになった。続けて樋田くんが語り出した。「たくさんの神々がそれぞれ自分のチームを作っている。ある神は狐そのものであったりする。それぞれの神がそれぞれメンバーをそろえたら八百万の生き物が必要になる。特別な理由が無くてもメンバーに入れておかないと、チームが出来なくなってしまう。取りあえずチームが出来れば、その後からでも神性の理由を決めていけるのだ」と。エドウィンがその説明で納得したのかどうかは分からない。その前段階の、八百万という数に圧倒されているようにも見えた。

世界最大の木造建築と言われる大仏殿の大屋根越しに、夕日が見えた。府県を隔てる山脈の向こうで一日分のホコリが舞い上がっているせいか、ことのほか赤みを増した太陽だ。三人は二月堂からの景色を黙って味わっていた。でもエドウィンは鹿のことが気になるらしく、舞台の下で草を食べている吾輩らに視線を送っていた。頭の角を光らせでもすれば、彼の疑問である神鹿の意味を解決出来たであろう。でもまぁそんなことで、吾輩らが神の使いだとする理由を納得されても困る訳なのだが。

辺《あた》りは暗くなった。宿泊地には私鉄で戻るが、まだ少し時間があるとエドウィンは言い、出来たら連れて行ってほしい所がある、と二人に切り出した。ちょっと言いにくそうにしている彼の素振りから、樋田くんはキャバレーかな？　と思い、今尾くんはストリップショーかと思った。どちらも柿ノ木寮生には足が向きにくい所だ。いや、前畑先輩というストリップ好きの寮生が居たから、ストリップショーならまだ情報源はある。でもエドウィンの希望は別だった。単にパチンコをしたいということだった。考えてみれば、これも日本が生み出した大衆文化の一つであった。三人は駅近くのパチンコ屋を目指した。

私鉄駅の近く、アーケード街の中にパチンコ屋はあった。店の前に折り重なるように並ぶ自転車は、固まり全体として現代美術のようにも見えた。お洒落に飾り付けられた外観には英語が散りばめられていたが、エドウィンは書いてある意味が分からないと言っていた。樋田くんも今尾くんも、その英語風の飾りの意図を説明することは出来なかった。説明出来なかったのは、その外観だけではなく、中に入ってパチンコ玉を弾き出してからも、二人はエドウィンにほとんど何も説明出来なかった。

店内の喧騒に最初はたじろいだエドウィンだったが、しだいに明滅するランプや派手なファンファーレを楽しむ余裕が出て来たようだ。あちらこちらの客の動きを真剣に見ていたが、そのうちにそれを真似してみようと、機械から流れてくる玉を弾き出した。両側に座って手本を見せようとした樋田くんと今尾くんだったが、二人ともめぼしい成果を挙げることも出来ずに、玉は一番下のアウト穴に吸い込まれていった。

エドウィンとて、弾く玉のほとんどは釘の間を力なく跳ね返りながらアウト穴に落ちて行った。それなのに彼の表情は満面の笑みだった。両脇の二人は、最初は「今の、おしい」とか「最初に上のこの釘に玉をぶつけて」などとコメントしていたが、エドウィンの興奮状態を目の当たりにして、その後は気圧《けお》されるように彼のはしゃぎぶりを見ていた。一つも入賞しないで玉が無くなっていくのを見ながら、二人はとても申し訳なく感じていた。しかし、弾いている本人は大喜びだった。この両者間の非対称から、どのような教訓が引き出せるのであろうか。

柿ノ木寮を時に包み込む熱狂がある。寮祭であったり新歓コンパであったり。その様子を冷ややかに眺めている吾輩ら鹿の存在は身近なもののはずである。そこにも落差があり、非対称が存在するのだが、そこに思いを馳せる寮生はほとんど居ない。

パチンコでは溜まった玉を景品と交換出来る、という仕組みを今尾くんはエドウィンに説明したかった。でも、彼の手元に玉は残らなかった。頼りにしていた樋田くんはというと、彼と同様に空っぽだった。一人エドウィンだけが豪快に叫び声を上げながら玉を弾いていた。時々はセーフ穴に入るので、そのたびに点滅するランプと派手なファンファーレに彼はウットリした表情を見せた。「ちょっとちょっといいですか」「ジャストモーメントプリーズ」とか何とか言いながら、今尾くんはエドウィンの動きを止めさせて、残っていた玉を集め出した。どうしたことかと訝《いぶか》しがるエドウィンに、隣から樋田くんが事情を説明した。「今から、玉を交換して景品をもらうのだ」と。でも何故遊びの佳境でそれを止めなければならないのか、エドウィンには納得しがたかった。もしかしたら彼は、この「途中で我慢する」というのが日本人好みの「求道精神」と通じるのだ、などと思ったかもしれない

何かに夢中になっている時に、それをいきなり止められてしまうのは、誰だっておもしろくないはずだ。吾輩ら鹿でも、夢中で餌の草を毟《むし》り食べている時に、柿ノ木寮生から掃除のモップで追いまくられたりするのは、実に腹立たしい。その柿ノ木寮生の動機が悪意によって形作られていれば、それは当然の不満となる。

でもそうではなく、善意によって例えば鹿煎餅を与えようとして草を食《は》む鹿に近付いて来られても、やはりそれは迷惑なのだ。だからこの時のエドウィンは、景品交換の仕組みを説明し

てもらえたことの善意は理解したが、気持ち良く打っていたのを途中で止めさせられたのだから、やはり不満だったはずだ。

しかし、親切なことをしたと思い込んだままの樋田くんと今尾くんは、エドウィンが複雑な思いを胸に帰りの電車に乗り込んだことに気付く様子は無かった。巷《ちまた》によくある話だとは思うが、こうしたディスコミュニケーションの積み重ねで、毎日は回っているのだ。自分の善意に慢心せず、少しは複雑さに思いを馳《は》せよ寮生諸君、と吾輩としては語って聞かせたくなるのである。

第十七話　シジミ汁しみじみ

柿ノ木寮の北寮と南寮から、観光道路で隔てられた食堂に向かって、毎朝、寮生達が歩いて行く。朝食は七時半ぐらいから供されるはずだが、食堂のおっちゃんが、何かで手間取ると少し遅れたりもする。アルバイトの早出でもなければ、多少の時間のズレは誰も気にしない。もっとも、朝食のメニューは一汁一菜と決まっていて、ご飯に味噌汁とおかず一品だから、あんまり手間取ることもないのである。

そのおかずも、生卵、佃煮、海苔が順に一品ずつローテーションになっている。質素な食事だと言えるだろう。今どきの若い鹿の中には、観光客の差し出す鹿煎餅だけで腹をふくらませようとする贅沢な志向があるというのに、柿ノ木寮のこの一汁一菜は決して変更されることの無い伝統になっていた。

味噌汁の具もある程度は順繰りに出て来る。たいていは、何かの野菜が刻まれて大鍋に浮いている。豆腐と大根や白菜の時もあれば、大根の葉っぱだけの時もあった。食材の購入に当てられている予算の残額と連動しているので、月末近くになると、大根の葉っぱや乾燥ワカメだけの味噌汁になりがちである。でも、多くの寮生は気にする様子も見せないで黙々と食べる。

お代わりは自由なので、量の確保は安心出来る訳だ。

そんな寮食事情の中での一大イベントと言えば、本当に時折、貝の味噌汁が出ることである。貝と言ってもアサリやハマグリなどはめったに出ない。たいていはシジミである。しかしこのシジミの味噌汁は、寮内の空気を一瞬にして活気付けて、寮生の行動を一挙に機敏にさせる。別な言い方をすれば、シジミの味噌汁だと感知した寮生の行動が様式化されている、という訳である。


早起きの寮生が朝食を食べに行き、味噌汁の具がシジミだったとする。そうすると、その寮生はお玉ですくえるだけのシジミを鍋から引き上げ、ご飯に載せるか汁椀に盛って食べ尽くす。多少の砂混じりは気にしない。砂も味の内だ。適当に飲み込んでしまう。食べ終わった寮生は、その後で特に親しい寮生仲間の部屋をそっと訪ね、寝ているところを無理矢理起こし、そいつの耳元で囁《ささや》くのである、「おい、今日はシジミの味噌汁だぞ」と。

すると、他のことで無理に起こされでもしたなら、烈火の如く怒り出すような寮生であっても、この「シジミ」という囁きにはにんまりと笑みをこぼし、そそくさと身支度を済ませると足音を忍ばせて食堂へ向かう。そこには、同じ様にして囁かれた面々が顔を合わせている。それぞれが順にシジミを鍋からさらっていく。最後は少しも具の残らない汁だけになる。そんな早い者勝ちの不公平な所業でも、柿ノ木寮では不思議と問題にならない。それはたぶん、立場がいつ変わって自分がさらう側になるか分からないので、安易に他人を批判出来ないと知っているからなのだ。

このへんの立場の逆転可能性といった感覚が、吾輩ら鹿の世界ではどんどん薄れて来ているように感じている。神域として残されてきた原始林には、小さな谷が無数にあり、その中の幾つかには独特の植生が見られたりする。そこで自分好みの食草を探り当てた鹿は、そのことを他の鹿には教えないものだ。それが当然視されて来たというのに、ここ最近は情報の共有とか共同管理などとかで、何でも公開するようなった。でもよく調べると、自分で探し回る苦労をしていない鹿が、そういう公開だとか言っているようなのだ。

さて、シジミ汁である。汁だけになっても、出汁《だし》のよく効いた味噌汁は、遅れて来た寮生達にも満足感を与える。中には誰にも囁かれなかったけれど、匂いで気付く超能力者もいる。「柿ノ木寮生侮り難し」なのである。

では柿ノ木寮を支配するのは、「早い者勝ち」とか「強い者勝ち」とかのルールばかりなのであろうか。そんなことは無いのである。シジミの味噌汁の話なら、朝の寮食は途中で一度鍋を温め直すという起死回生プログラムが作動することになる。これは、食堂のおっちゃんが、大鍋を厨房に戻し、コンロで温め直してくれる親切のことである。その温め直しの時間中に食事に来た寮生のためには、小さな鍋が別に用意されて、そこに取り分けた味噌汁が入れられていたりする。それほどに親切なのである。

そしてこの温め直しは、単に汁が温められるだけでなく中の具も追加されるのを通例としている。ここに、出遅れた寮生にも一挙に挽回出来るチャンスがある。先陣を切ってシジミをさらっても、汁が冷めていて味がよう分からん、という朝食を摂るよりも温かく具もある至福の朝食を楽しめる可能性が残されているのである。

しかしそんなもの、柿ノ木寮生が自分達で弱者への配慮をルール化している訳じゃないだろう、という指摘は当たっている。そう確かに、食堂のおっちゃんの善意によって支えられているだけのように見えるであろう。しかし、そうした途中での味噌汁の温め直しについては、代々の寮生を遡《さかのぼ》るずうっと以前からの要望が切っ掛けだったとの言い伝えがある。今現在は、おっちゃんの善意に頼っているのであるが、出遅れた者や上手な世渡りの出来ない者への配慮は、実は歴代の柿ノ木寮生が後代へと受け継いで来た教訓的プログラムだったと言えるのだ。

こうした受け継ぎには、吾輩ら鹿にとっても見習うべき点が多い。観光客がよく集まる場所は、鹿同士でも場所の取り合いになる。そのままなら鹿喧嘩になり、結局は観光客を遠ざけてしまうだろう。そこで知恵のある鹿が提案してローテーションが組まれた。この仕組みには、柿ノ木寮にあったような弱者への配慮が生かされていることを、吾輩は理解しているつもりである。

確か、料理達人の川渕くんがまだ二回生の頃だった。彼がたまたま少しだけ早く起きて、サンダルをずるずると引きずるようにして食堂へ朝飯を食べに行った時、偶然にシジミ汁の温め直しに遭遇した。その場には既に、とても普段なら早起きするように見えない先輩連中が顔をそろえていた。川渕くんは、誰かの耳打ちがあって来たのではなく、自力でシジミ汁の登場に出会ったという、その場では珍しい存在だったと言えた。

食堂のおっちゃんが温め直しの鍋を再度出してくれるまで、少し時間がかかるようだった。川渕くんは何を思ったのか、食堂から北寮に戻って、寮内放送で次のようにアナウンスしたのであった。

「おはようございます、みなさん。今朝の味噌汁はシジミです。ちょうど今、温め直しの鍋が出て来るところです。シジミの味噌汁を食べたい人は、今すぐ食堂に集まりましょう。おいしいシジミの味を楽しめますよ。ピンポンパンポン」。

一斉に寮室のドアが開け放たれ、喧噪の事態になった。寮内の廊下を踏み鳴らす足音が響き渡り、木造の床はきしみ、階段の手すりは駆け下りる寮生に引っ張られ悲鳴を上げたようにきしんだ。普段の朝なら静まりかえっていたはずの時間帯に、食堂は寮生がひしめき合う田舎の運動会のような大混雑を呈した。

その様子を間近に見ていた吾輩ら鹿も、この興奮状態の異様さに目を見張った。鹿の暮らしにも「まっしぐら」の場面はたくさんあるのだから、勢い付く行動そのものが珍しい訳では無い。しかし食堂で見苦しさの印象を与えたのは、食器の奪い合いであった。絶対数が足りないのだ。考えれば当然の話で、いつもなら朝食の時間帯に、こんなに大勢の寮生が集まったりしないのだ。厨房から熱々の大鍋を運んで来たおっちゃんが、食卓で待つ人垣を見て顔を強《こわ》ばらせた。この一件は、後に大問題になった。

鍋敷きの上にシジミの大鍋が置かれ、汁をすくうお玉に手を伸ばす瞬間に殺気が走った。早くから待っていた者が最初に手を伸ばして当然なのだが、誰が一番だったかは、三人目以降の人間には分からないことだ。しかも、後から食堂にやって来た上回生が、睨み付けるような顔をしていると、先に来ていたとしても下回生は手を伸ばしにくい。先輩に譲るという忖度《そんたく》的態度が蔓延《まんえん》し出した。その上回生が仲間内で、「おい、ついでによそってやろう」と誰それを名指しして汁椀を受け取ったりした。お玉は、強者に独占された。

川渕くんは、彼の機嫌を取ろうとした先輩の指名で椀を差し出しはしたが、注がれたシジミ汁には箸を付けなかった。はたして川淵くんの善意は、みんなを幸せにしたのか。先に食堂に集まっていた寮生からは、食堂に大勢を呼び寄せた川渕くんに対して、突き刺すような視線が集まり、上回生同士で手渡しされ続けるお玉を、下回生は恨めしそうに見詰めていた。

そんな出来事があってすぐの寮生会議の話である。「シジミ汁放送事件」が寮生提案議題として議論された。「あの放送のせいで、シジミの味噌汁を楽しみに先に並んでいた者が後回しにされたり、寮生同士での見苦しいお玉の奪い合いになったりした。今後はシジミ汁の放送をしてはいけないと決めるべきだ」と提案者は主張した。川渕くんの行動は、非難の的となったのである。

良かれと思って実行したことが、周囲に迷惑となることは、ままあることだ。吾輩ら鹿にすれば、鹿煎餅を振る舞う観光客の善意を疑うことはないが、やはりそこにも問題があるのだ。食草を試食する体験を増やすのが幼少期の子鹿には大事だが、あまりにも手軽に鹿煎餅が手に入ると、野山を探索しなくなる鹿が増えてしまう心配がある。これでは未来が危ぶまれる。川渕くんの行動でも、寮の未来が危ぶまれるとの主張が展開された。

ことわざに、「情けは人のためならず」というのがあるが、情けをかけると相手が甘えてしまってダメ人間になってしまう、との曲解が増えているという。今回のシジミ汁放送も同じで、寮生を甘やかすことになるからダメだ、との主張があった。つまり、「本来なら自力で早起きし、その僥倖《ぎょうこう》に遭遇すべきであるところのシジミ汁なのに、放送のせいで誰もが押し掛けることになった。これは結果として寮生を甘やかしている。こんなことでは真面目に早起きした者が報われないではないか」という訳だ。

シジミ汁の朝は、人のことには構わずに自分のことだけを考えるべきで、その幸せは一人でしみじみ味わうべし、と言うのだ。一方で、「情けをかけるのは相手のためではなく、巡り巡って自分にまた返って来る」という昔からの解釈なら、シジミ汁に気付いた喜びを広く寮内で分かち合うことは、後に自分が知らされる立場になるかもしれない、いや、それを期待したいと発想したことになる。考えてみれば、どちらも結局、最後に自分が得する話になっている。

川渕くんは寮生を甘やかしたのか、それとも巡り巡っての自分の幸せを目論《もくろ》んだことになるのか。寮生会議の議論はそこを突き詰める方向に向かっていった。吾輩ら鹿にとっての議論に置き換えてみると、「観光客は鹿を甘やかしている」のか、それとも、「巡り巡っていずれは観光客自身が鹿煎餅を食べたがっている」となるであろう。人が鹿煎餅を食べたがるかどうかは、疑問であるが。

長老の須川先輩がおもむろに手を挙げてこう発言した。「わしが思うに、あんな朝の早い時刻に寮内放送を使うのは、お隣ご近所に迷惑をかける。今後は時間帯に気を付けて、知らせたいことがあれば、一人一人の耳元で囁くべきではないのか」と。つまり、情けを掛けるにしても、その掛け方に手抜きをするなという訳である。その後、川渕くんが一人一人に耳打ちしたかどうかは定かではない。

第十八話　変態望遠鏡

柿ノ木寮に集まる寮生の出身地は、北は北海道から南は沖縄まで幅広い。それぞれ独自の生活体験を経て来ているので、食べ物の好みや食べ方などにも差は大きい。正月に雑煮を作る際に、得意気に準備を始めた寮生が、焼いた丸餅の味噌仕立てにトロロをすり下ろしたりして仕上げると、待っていた他の寮生が唖然とすることもあった。多様な文化が交錯する場として、柿ノ木寮は価値観の十字路とも言えた。

そうした出身地による差よりも、一層強烈に他の寮生を驚かせるのが、一人一人の寮生の持つ個性だったりする。珍しい機械と見れば、すぐさま分解したがる右手がネジ回しのような寮生も居れば、初対面の相手に人生の過去を言い当てるような短歌をたちどころに詠み上げる者も居た。そんな中に、夜空を見上げて星座の話を人に聞かせ、恒星の名前と地球からの距離を人に教え込んではその後に何度もテストする寮生も居た。そんな伊豆谷くんが星雲を見るために購入した天体望遠鏡が北寮の廊下の端に設《しつら》えられていた。廊下の端は階段で、奥まった角を通る人はあまり居ない。その角からは北と東に窓があり、大きく視野を広げることが出来た。バイトで溜めたお金でやっと中古を手に入れた伊豆谷くんは、夜も遅くなるまで星を見上げていたものであった。

　こうした熱中の気配は、吾輩ら鹿の間にも影響を与えるものだと実感している。ある若い鹿が、後ろ脚で立ち上がって高い位置の木の葉っぱを齧《かじ》り取ろうとした。何度も失敗するのだが、熱心にその後ろ脚立ちをくり返し練習していた。そんな日が何日も続いていたが、周囲の鹿達は、「何て無駄なことを」と等閑視していた。しかし次第に応援する気運が芽生えて来たのだ。ある日、ついに葉っぱをむしり取った若鹿は、周囲の大喝采を受けた。だから、伊豆谷くんの望遠鏡でも、何か新発見があるのでは、と期待する寮生が居ない訳でも無かった。と吾輩は思ったものだ。


　夜遅くまで煌《きら》めく天体を観測するのに活躍していた望遠鏡だったが、伊豆谷くんが大学へ行って留守の昼間でも実は大いに活躍していたのである。と言っても日中なので星は見えない。その代わり北寮のその場所からは、正月の山焼きの山が見えたのである。その山の頂上は、市街地から裏側を大回りして辿《たど》り着く有料道路があり車で簡単に登れる場所であった。デートの車も多く、そういった二人組は人出のある頂上広場から離れた木陰に行きたがった。

　人の視線から離れて誰も見ていないだろう、という安心感がそうさせるのか、山頂から外れた所で二人組は大らかに乳繰《ちちく》り合ったりするのであった。つまりは、それが昼間の望遠鏡が拡大して見せる景色だった。夜には、Ｍ81ボーデの銀河が渦状に聖なる輝きを放つ姿を見せる望遠鏡が、昼には性なる痴態を間近に見せていたのである。しかも、望遠鏡が昼間に果たしていたこのもう一つの活躍ぶりを、持ち主の伊豆谷くんは全く知らなかったのであった。

当人が気付かないままに、別な所で大事な役割を果たしていたりすることは、吾輩ら鹿にとってもよくあることだ。子鹿は無邪気に母鹿の周りを跳びはねているだけで決して気付くことはないのだが、実は子鹿は母鹿を牡鹿から守っているのである。どういうことか。牡鹿は交尾の機会をうかがって徘徊しているのだが、見定めた牝鹿の周囲に子鹿が居ると諦めるからである。だから、交通事故などで子鹿が居なくなると、牡鹿はすぐに近寄って来るようになる。牝鹿もそれに応じるようになるのであるから、子鹿が跳躍しているのは、牝鹿を母鹿に止《とど》めておくための無意識で行う演技と言えるのである。

ということで、天体望遠鏡が時として変態望遠鏡として機能していることに、持ち主は気付かないままだった。しかしある夜、観測を始めようとした伊豆谷くんは、前の晩に固定しておいた仰角と大きく異なっていることに気付いたのだった。

昼間に乳繰り合いを観察していたのは、出席すべき講義も研究室への日参もないような上回生が多かった。彼らは互いに緻密な情報交換をし合い、北寮のその望遠鏡を最大限に活用していた。もちろん、あくまでも借り物を使わせてもらってのことなので、礼を失することなく後始末をきちんとしていた。それは、使い始めの位置に正確に戻す、ということで実現されるものだった。しかしある時、この原則を踏み外した横着者が居たのだ。

自分が固定しておいた角度と大きく異なり、低い位置を見据える望遠鏡に気付いた伊豆谷くんは、これは誰かが勝手にいじっているようだ、と察しを付けた。自分以外にも天体観測に興味を持っている人物がいるのなら、ぜひとも一緒に星談義でもしてみたいものだが、その仰角からはどんな天体を観測しようとしているのかさっぱり分からなかった。これでは手前の山に邪魔されて、空は見えないじゃないか、と伊豆谷くんは不思議だった。

「何だい頼み事って言うのは、そんなことか」と若田くんが伊豆谷くんに応じた。二人は同学年で気心も知れている。お互いに頼み頼まれたら嫌とは言えない間柄だ。「分かったよ、昼間に誰がこの望遠鏡で何を見ているのか、それを調べればいいんだな」と若田くんは気軽に請け負った。「でも、寮の廊下にお前が勝手に置いている望遠鏡なんだから、その相手に覗き込むなと文句を言うのは俺は出来ないからね」と若田くんは先に逃げを打った。伊豆谷くんはそれを了として数日を待った。

このような期待半分で恐れ半分の日々を過ごすのは、誰にとっても不安である。吾輩ら鹿の場合、例えば牡鹿にとってなら、角切りの時期がこれに当たる。重い角を切られてさっぱりはするが、追いまくられてへとへとになるので、期待と恐れ半々の落ち着けない日々を過ごすことになる。さて、後に事実と遭遇することになった伊豆谷くんだが、今でも語り草の大衝撃が走ったのである。

これまで幾つもの銀河の神々しい渦を捉えたレンズだった。たてがみを揺らす馬のような星雲を探したこともあった。しかし、その望遠鏡が昼間には、男女の乳繰り合いを追い掛けていたとは、と伊豆谷くんは激怒した。かつてメロスが激怒したのに匹敵するぐらいに激怒した。それはどれぐらいかというと、大事にしていたその望遠鏡を壊してやる、とまで言い出すぐらいだった。それには若田くんだけではなく、周囲の寮生達が一斉に宥《なだ》めにかかった。

「そんなに興奮せんでもええやろ。アベックの行動を見るのも人間観察の一つや。天体観測も変態観測も一緒やんか」などといい加減なことを言って、伊豆谷くんをさらに怒らせる奴もいた。せっかく高性能高倍率の望遠鏡で、男女の痴態を覗《のぞ》き見出来た環境だったのに、いくら持ち主だからといって簡単にその環境を壊させる訳にはいかないと上回生らは思った。現状維持のために、あらゆる屁理屈が動員された。「この定点観測によって時代ごとの性風俗の基準を記録出来るようになる。それは後世の民俗学や文化人類学にも貢献出来る学術資料になる」などと口から出任せなのに妙な説得力を持つ主張もあった。伊豆谷くんは、学問とか学術という切り口に滅法弱かったのである。望遠鏡を壊すとは言わなくなり、廊下からの撤去も諦めた。

こうした「無理が通って道理が引っ込む」という事態は、吾輩ら鹿の世界にはあり得ない。ある時期、若い牡鹿で威勢のいい一頭がいて、誰彼構わずに牡鹿と見れば喧嘩をふっかけていた。たいてい相手は軽く受け流していたのだが、体の大きなある牡鹿がよほど腹に据えかねたのかその喧嘩に真正面で応じた。逆に若鹿は逃げ出したのだが、追いかける大鹿の脚力が勝っていた。その前脚で叩きのめされようとした寸前、若鹿は小川にはまってずぶ濡れになった。その瞬間、大鹿は攻撃を止めた。若鹿の体にまだ残っていた鹿の子模様が現れたからである。子どもを攻撃することは成獣の鹿には出来ないのである。で、伊豆谷くんは、反撃を考えた。


街場では暑さがふてぶてしく寝そべったままだったが、山焼きの山の頂きは涼しくなったようで、真夏の頃よりも人出が増えて来ていた。目標とするアベックが、直射日光を避けて木陰に入り込んでしまえば変態観測が出来ない。そうした「望閑期」から、明るい場所でも大胆に乳繰り合い出す「望繁期」へと季節は移っていた。変態観測所と化した北寮二階東端は、特別な指名もなく観測業務がローテーション化されていた。絶妙なピント合わせ技術で他の追従を許さなかった長老の溝口先輩が、その時、望遠鏡を覗いていた。

「たいへんだ、見てみろ、このアベック、喧嘩を始めたぞ」と傍らにいた一年下の五回生有田先輩に向けて大声を上げた。有田先輩がすぐに交代して接眼レンズに目を付けた。絶妙な実況技術で他の追従を許さない彼のアナウンスが、迫真の状況を語り出した。二人の周りに集まり出した聴衆は、有田先輩の語る山上の惨状に耳を傾けた。「おお、おお、男が女を突き倒して、その上に馬乗りになった。右手左手の乱打だ。女は為されるがまま、首が左右に激しく動く。あれじゃ首がちぎれてしまうだろう」。

この時偶然山頂に居て、この場に遭遇した吾輩らの仲間の鹿が後に語ったのだが、この時の男の度を超した激しさに度肝《どぎも》を抜かれたという。男は一切言葉を発しないで、ひたすら相手の女の顔に拳を浴びせ続けていたという。そこで繰り出される一発一発の打撃は大きくて、あたかも歌舞伎の立ち回りのようだった、とまるで歌舞伎を実際に見たことがあるようにその鹿は語っていた。まさか、鹿が歌舞伎を見たりするものか。おおかた、テレビ室の窓から覗いた画面の話なのだろう。でも、歌舞伎の番組をわざわざ見ていた寮生が、柿ノ木寮に居たというのは、ちょっと気になる話だ。

有田先輩の実況解説はしだいに熱がこもり、その声は廊下の隅々まで響き渡った。「やや、男がふところから何かを取り出したぞ。何だあれは。ピカッと光ったぞ。するとあれはナイフか？」との絶叫に、聴衆は一斉に身を強《こわ》ばらせた。

大きく振りかぶった男の右手が、望遠鏡の向こう側で女の胸にナイフを突き立てた。「血だ！血が吹き出た」と絶叫して、有田先輩は力尽きたようにくずおれた。慌ててそれを支えた溝口先輩は、近くに居た寮生に脱力した有田先輩を任せ、自分が替わって望遠鏡を覗き込んだ。しかし、その際に方向がずれてしまったらしく、登場人物の二人組にレンズを合わせられずに焦った。近くに駆け寄った寮生達が、溝口先輩に口々に声をかけた。「先輩、続きはどうなんですか」「あのアベック殺人事件はどうなったんですか」と。

すっかり殺人事件にされてしまった一連の出来事に対し、寮生達の議論が口々に始まった。「すぐに警察に連絡して、あの場に行ってもらおう」「でも、こんな遠くから見ただけで、事件が本当だったのかどうか、確かめようがないぞ」「第一、ここからこんな風に覗き見していたとばれてまうぞ」「そんな心配よりも、犯人が逃げる前に捕まえんとあかんやろ」などと賑やかになったところに、溝口先輩の大声が割り込んで来た。「やっと位置が合った。おい、たいへんだ、こんなのが見える」と先輩は大きく息をのんだ。寮生達が一斉に聞き返した。「何ですか、何が見えたんですか」。

「おしまい、友情出演劇団21面相」って大きな垂れ幕が見えてる、と溝口先輩は言葉を継いだ。そして大きなため息をついた。周りの寮生達からも、幾つものため息が漏れた。望遠鏡で確かめると、変装を解いた男は伊豆谷くんその人だった。しかも柿ノ木寮に向かって大きく手を振っていた。その時の伊豆谷くんの顔は、実に愉快そうだった、と、その現場に立ち合った仲間の鹿が、後に吾輩に語ってくれた。

そうして季節は巡り、だんだん寒くなるにつれて変態観測は低調になっていった。既に誰も事件とは言わなくなっていたが、一人、有田先輩だけは今でも自分の見た光景を熱く語り続けていた。あれはアカデミー賞ものの演技だった、と激賞し、自分が完璧にだまされた演技なのだからと付け加えた。それを聞いた寮生の誰もが、きっとその通りなんだろうなと各自が想像したのであった。

事の章

第十九話　凍れる音楽

吾輩ら鹿のテリトリーは広範囲に及んでいて、深山幽谷に季節の風情を楽しむこともあるが、日常の行動範囲は街場近くになることが多い。それは何故かというと、人間達の振る舞いを見ているのがおもしろいからだ。観光客に対しては、愛想良く頭を振るだけで餌をもらえる、という実利的な思惑も無い訳ではない。でもこれは、こういう枠組みがあった方が、異種の生物間で穏便に交流を図れる利点があるからだ。そういう枠組みに収まらない柿ノ木寮生とは、だから常に緊張と期待の両極端で揺れる接触となる。

直情径行といったタイプの寮生が多いが、特にあの刃傷沙汰で勇名を馳せた鷲見先輩は筋金入りと言えた。そしてこの人物、歴史への思い入れが強く、建築については一家言を持っていた。秋の夜長にやっと月がいくらか動いたかに見えた時刻に、鷲見先輩は一人の後輩寮生を連れ出して自転車で寮の坂を下って行った。昼夜を問わず人の動き回る気配が感じられる柿ノ木寮でも、少しは静まった頃だったので深夜三時か四時頃だったろうか。

小一時間も走り続けて辿《たど》り着いたのは、市街地の西にある広大な境内を構える古刹《こさつ》だった。上代からの歴史を誇るその寺には創建当時の塔がそびえている。その孤高《ここう》の姿を後輩に見せようと、鷲見先輩は後輩を連れ出したらしい。だが、一緒に見上げるだけで何にも喋らない。何度か質問を口にした後輩だったが、ああとか、おおとかの生返事をするだけで、先輩は一向に言葉を継がない。最後には後輩も無口になった。二人の寮生が深閑とした気配の中で凍れる音楽に浸っていた。

その三重塔には、最上層の屋根の上に水煙《すいえん》と呼ばれる透かし彫りがある。朝まだきの頃、透かして見ても暗い夜空に紛《まぎ》れてしまいそうだ。その夜は雲のない快晴の夜空だった。たぶんそういう夜だったから、鷲見先輩は後輩を連れ出したのであろう。境内を彷徨《さまよ》い慎重に選んで立つ場所を定めると、そこから見上げた水煙には、月の光によって浮き立った天女像が身近に感じられた。

と言っても、そこにそんな天女がいると分かっている者には、そう見えたような気がする、というぐらい淡い景色なのだ。最初、先輩から何も教えられずに突っ立って居ただけの後輩は、何となく細工の細やかさに光が踊っているような感じがしただけだった。どうしてあんな遠くの見えづらい場所に、あれだけの技巧を凝らしたのか、と先輩は思いを巡らせていたようだが、それを後輩に語り掛けることはなかった。「見えにくいところに本物があるものだ」と思っていたのかもしれない。いやもうちょっと深く、「見えにくいところにこそ真実はある」と思っていたのかもしれない。

どうして人間はこうした密やかさを珍重するのか、と吾輩ら鹿には不思議だ。鹿にとっては、思いとはすぐに共有される物だ。誰かの恐怖はそのまま吾輩の恐怖になる。最初に外敵の接近に気付いた一頭の興奮は、その高ぶりのまま近くの鹿達に伝わる。瞬時にだ。そうやって自然の試練を乗り越えて来た。人間には、自然の試練よりも、さらに優先して対応しなければならない自身の中の課題がある、ということなのだろうか。いやはやご苦労なことだ。

ご苦労だったのは帰り道の話でもあった。寮まで引き返す道のりは、来た道と違って上り坂になる。そこを変速機付きのスポーツ車で軽やかにペダルを踏む鷲見先輩と、無骨一点張りの実用車を汗だくで漕ぐ後輩とが二人で登って行く。それまで幾らかは心に浸みていた風雅さが、後輩の胸中から飛び去ってしまうぐらいにペダルは重かった。真実を味わうには、時に覚悟がいるものだ、と先輩は伝えたかったのかもしれないし、登りの苦労はどうでも良かったのかもしれない。いやはや面倒なことだ。


早朝のランニングに汗を流す姿は、鷲見先輩にお似合いだった。特に寮でコンパと称する飲み会があった翌朝には、決まり事のように先輩の姿がグラウンドにあった。まるで血管に残るアルコール分を、汗として絞り出そうとしているように見えた。だから見ている方が辛くなるような気配さえ漂う。早起きの鹿達がグラウンドの端で草を食《は》んでいても、その意気込みに気圧《け　お》されたようにしだいに遠ざかっていく光景がよく見られた。

そんなに厭わしい酒なら飲まなければ良いではないか、と吾輩などは鹿の立場で思う。夜には歓迎され厚遇を得たのに、翌朝は早々に出て行けと追い立てられてしまう酒の立場になってみれば気の毒な話だ。それでも人間達が酒を止める気配は無いし、鷲見先輩もコンパの参加を拒むことは無い。とするなら、その目的が酔っぱらうことよりもその場に居合わせることだ、と思えて来る。つまり、酒は手段でしかなく目的は別にある、と。

では、その目的とは何か。いや、人間の不可解さに、鹿がここまで深い入りする必要は無いはずだ。吾輩としても人間全体にまで話を広げ過ぎた。大風呂敷を反省すべきだろう。あくまでも柿ノ木寮生の話にしておこう。で、コンパの目的だ。鷲見先輩は酒を飲もうとすると、翌朝のランニングが頭に浮かぶはずだ。それは苦しい時間だ。それなのにどうして酒を飲み始めるのか。飲むことで達成される、あるいは果たそうとする目的とは何なのか。

その答えを得るのには、さすがの吾輩も経験不足を自覚せねばならない。ただ、飲んだ人間が自分自身をさらけ出すことが、重要な鍵のようだ。でもそれなら、もし己をさらけ出し合える関係が既にあるならば、ことさら酒を飲まなくても良い、という話になる。陳腐な結論に見えるが、なかなか深いと思っている。

人間の好んで使うフレーズに、「酒は百薬の長」というのがある。人間といっても日本人だけかもしれないし、それも呑兵衛の戯《ざ》れ言《ごと》に過ぎないのかもしれない。柿ノ木寮の寮生の多くは、この話で言うところの、人間であり・日本人であり・呑兵衛であるから、まるでバイブルとか座右の銘となることだろう。大小様々な規模のコンパが、連続するのも当然か。ということは、柿ノ木寮生達はそれぞれの気持ちを通わせ合っている、と言えるだろうか。

鷲見先輩もコンパに参加しているし、そのコンパ自体を否定する考えはなさそうだ。でも彼が苦々しく思っているのは、そのコンパが酒を飲み合い酔っぱらってしまうことで成り立っていること、その事実ではなかろうか。妙な言い方に聞こえるかもしれないが、鷲見先輩が考えていたのは、酒に頼らずに達成出来る理想のコンパではなかったろうか。つまり、「酔うことで互いに気持ちを通わせられる」という関係は、「酔わなければ通わせられない」という反対解釈を可能にする。そこに拘《こだわ》ってしまった鷲見先輩は、吾輩ら鹿には見当も付かない思索の深淵《しんえん》にはまり込んだのだろう。

鷲見先輩と竹田先輩との刃傷沙汰には、こんな背景がからんでいるように吾輩は感じていた。というのも鷲見先輩は、これまでにも酒に頼らないコンパ実現を、様々に実験していたからだ。ある晩に、新入寮生を三重塔まで連れ出したのも、酒に酔わない関係作りの実験だったのだろう。また別な日に、後輩を寮の裏山の一つに連れ出して盆地の景色を眺めさせたのもその実験だったはずだ。

彼は入学したての後輩に対して、大学生活の抱負をよく語らせたものだ。ある新入生が、油絵を描きたいとか、県下全てのお寺巡りをしてみたいとかと言うと、彼は「やったらいい」とだけ言ったものだ。もっと熱烈な励ましの言葉が返って来るものと期待していた後輩は、何だか肩すかしを食らわされた気がしたはずだ。でも実はその時、鷲見先輩は、「それじゃ先輩の抱負は何ですか」と聞かれたかったはずだ、と吾輩はそう確信している。


先輩が声を掛けて後輩がそれに従う、というのは人間社会での決まり事のようだ。そうやって、多くの場合は問題なく事が進んでいくものだ。そして、後輩だった者がいつしか先輩となり、さらなる後輩へと関係は引き継がれていく。人間の暮らしを見ていると、たいていの場面にこの先輩後輩の関係が組み込まれているようだ。その呼び名が、時に社長と社員であろうが、船長と船員であろうが、チーママと新人ホステスであろうが基本的な構造に変わりはない。

吾輩ら鹿にとって不思議なのは、人間達のこうした安穏《あんのん》さにどっぷりとつかった他者との関係の取り方である。鹿にとっての日々は、生存をかけた選択の連続である。その選択をリードする役割を、先輩だからというだけで任せっきりにすることはあり得ない。「あいつのリードだから」と従うのではなく、「納得出来るリードだから」従うのだ。リードする内容は、常に批判吟味される。

たぶん鷲見先輩は、先輩だからということだけで、後輩を従わせるようなことはしたくなかったのだろう。その言っている中身がどれだけのものか、を後輩たちが熟慮して賛同することを願っていたのだと思う。竹田先輩が後輩のデートに講釈した内容を、鷲見先輩が批判していた訳ではない。ただ、「先輩が言うのだから後輩は感謝して承《うけたまわ》れ」という姿勢が許せなかったのではなかったか。

唯々《いい》諾々《だくだく》と聞き入れる後輩達にも、きっと歯痒《がゆ》いものを感じていたと思える。だからこそ、後輩に抱負を語らせた後には、自分の抱負も聞いてほしかったはずだ。そういう公平な感覚こそが、鷲見先輩には貴重な価値を持っていた訳だ。

三重塔も、その古さ故に値打ちがあるなどと思ってはいけないのだ。その美しさが、味わうに値するかどうかを、目にした者が自分で決めれば良いのである。そして、その美しさに水煙の透かし彫りがどれだけ関わるかは、もちろん見る者が『凍れる音楽』を聞き取れる心を持っているかどうかにかかっているのだ。

第二十話　寮祭という名で要塞攻略

毎日お祭り騒ぎで過ごしているような寮生の暮らしなのに、柿ノ木寮の寮生達は寮祭と称する一騒ぎを計画する。内容はと言えば、個室開放や素人芝居やスポーツ大会など他愛ない。あたかも後に反省会と称し飲み明かす際のネタ作りにさえ思える。しかもこの寮祭を開催するかどうかを、毎年会議で討論する。結局は開催の議決になることが、参加者一同暗黙裏に心得ているはずなのに、延々と議論を戦わせる。吾輩ら鹿にとって理解の範疇《はんちゅう》を遥かに越えているが、多くの一般人にとっても不思議に思える所業であろう。

ある年の会議で、このマンネリ化した段取りについて異を唱える発言があった。「開催が前提になっているのに議論し合うのは時間の無駄である。開催方法も実行委員会形式でいいじゃないか。やりたい奴がさっさと手を挙げて決めてくれ」と発言者が言い終わると、すぐさま反論の手が挙がった。その流れは、あたかも「待ち構えていた」と形容出来そうな勢いだった。しかし、議長はそこで指名はせず、求めたのは同調者の意見だった。ここら辺の差配は、さすがに熟練の技だ。この議長とは、各部屋から選ばれた室長が順番に受け持つが、その日の担当は老獪《ろうかい》な四回生だった訳で。それは劇的な盛り上がりのために伏線を張るような手練《てだ》れを予感させた。

「今の発言についての賛同意見を求めます。我々は寮祭開催をすぐさま議決し、開催手続きの実質論議に入るべしとの主張に賛同する諸君の発言を求めます」と議長は催促した。何かあるな、と察知したのか発言者とその周りで囁《ささや》き合う声がした。こういう新しい展開を生み出すエネルギーは、多くの場合若い世代である。発言者も動揺を見せた一群も、二回生と一回生が多かった。さざ波が引くように呟《つぶや》き声が途絶えると、静まりかえった深山の湖のようになった。手が挙がったのは思わぬ方向からで、そこは四回生の中でも二年目三年目を過ごす長老組の席だった。意表を突かれたように、今度の動揺は議長から発せられた。


議長から指名された立川と呼ばれた長老は、静かに次のような意見を述べた。

「今あった発言の、開催すると決まっているのに議論するのは不合理だ、という趣旨に賛成します。せやけど、だからすぐに議決せよという部分には反対します。我々は寮祭をしないという選択についても真剣に議論すべきやと思うからです」。ゆっくり椅子に座り直す仕草を、会議に参加していた寮生全員の百余の目が見つめた。一回生二回生に寮生の気概を言い含めようとしていた三回生四回生は、すっかり気勢をそがれた風情で消沈した。

気を取り直したように議長が立川長老に質問した。「ほな、先輩は寮祭を止めよう、と言うてはるのですか？」。先ほどまでの鯱《しゃちこ》張った言い回しが、今ではすっかり砕けてしまっていた。

「そうやな、せんでもええなぁ……」

語尾にかけての発声が、わずかに上り調子に聞こえたので、もしかすると疑問を投げ掛けた言い方だったのかもしれないが、多くの寮生には衝撃を与えるのに充分な爆弾発言であった。もし寮祭を中止にしたら、大っぴらに女性を寮室に呼び込める唯一の機会を失うことになる。バカ騒ぎとからかわれようが、出し物を演じ合う演芸会が無くなる。今どき他ではあり得ないような女子寮との合同ダンスパーティーも出来ない。ということは、反省会という打ち上げコンパもお流れになる……。

はたして長老の真意はどこにあるのか、などと人間達は言い回しの微妙さに射すくめられて思考が固まってしまうが、あれは何故なのだろう。ある人は、「そこにこそ文学が始まる」と言い、詩の韻律へと関心の方向を定めたりする。吾輩ら鹿にとっては、歌に詠まれることはあっても歌詠みはしないので、このような感覚は興味深く、人間観察のポイントになる訳なのだが…。

その後の議論は実に盛り上がりに欠けてしまい、上回生達の「そもそも寮生たる者は」といった弁舌も湿りがちで続かなかった。かといって下回生とて寮祭を中止したい訳ではなく、ただ手順の合理化を求めただけだったのだから、思わぬ方向に進み出した議論の行く先を案じたのは同じだった。結局、この夜の寮生会議は時間切れを理由に次回の会議開催日を決めただけで終わった。議長もよほど扱いかねたのであろう、最後の終会宣言には「我々寮生全員にとって極めて重大な論題であることを各自が深く認識し、次回にはより一層活発な議論を強く願うものであります」となかば捨て台詞のように言い添えた。

学生寮の住人であるからには、近在の者は少なく、全国各地から集まった二十歳前後の集団である。生まれ育ちが違うのは当然のことで、誰かを対象に気に障《さわ》ることを数え出せば幾つでも数え上げられるはずだ。それでも何とか集まって暮らしが成り立っているというのは、どこかで寮生活に迷惑と感じる以上の積極的な意味を見出していたからなのであろう。この辺りの感じ方は人それぞれのようで、入寮して間もなくそそくさと退寮する者も少なくなかった。

吾輩ら寮に出入りする鹿の中でも、あの新入生はすぐに逃げ出しそうだ、いやそんなことはない結構図太そうだ、などと噂することはある。長年にわたって寮生達を観察し続けて来た吾輩としては、その見立てにかなりの自信がある。でも、それが見事にはずれることもあって、実はあの立川という長老寮生、最初の頃にはとても寮生活になじめるとは思えない人物だった。それなのに在寮六年間になろうとするほどに、この柿ノ木寮に居座ることになったのは、吾輩には不思議であった。それが、この寮祭の一件でいくらか納得出来たので正直ありがたいと思う。はてさて何があったのか。

次に開かれた会議で立川長老は、「寮祭の開催可否を議論するにあたり、この会議の時間だけではとても足りないと懸念しておるので、私は今後三週間の継続した議論を求めるものでありますと」と厳《おごそ》かに言ってのけた。その三週間とは、当初の寮祭の準備期間と寮祭当日までの日程だった。その意味するものは何か、と寮生の多くは腕を組み直して天を仰ぐ事になった。

個室開放というのは、寮生の生活の場である居室に広く客人を呼び込む、というものだ。客には男女の区別はない。普段は女性の立ち入りが許されない寮の決まりだが、この日だけは誰であろうと寮内に入ることが出来た。そこで寮生達は、我が部屋に女性陣を一人でも多く招きたいと画策する。飲み物茶菓子に凝る者も居れば、部屋の壁一面に複製画を貼り付ける者、どこで剥ぎ取ったのか大きな映画のポスターで飾る者なども居た。そうして密かに、隣の部屋の客入り数と自分の部屋とを比べたりする。もちろん大っぴらに話題にすることは無い。そこらへんが奥ゆかしいというのか、根性が足りないのか。

さて、寮祭の開催の是非を議論するのに三週間、となった年の個室開放である。寮祭の予定期間中に開催されたのは、個室開放ではなく、「個室討論」と命名された討論会であった。寮生会議を小分けにして、部屋毎に議論するものとされた。広く寮生外からも意見を徴《ちょう》すべしと、個室には男女構わずに大勢が呼ばれた。そして、寮祭開催について議論したのである。

演芸会はパネルディスカッションとの名前で持論を開陳し合った。そこでは、戦前戦中の頃の寮生活が芝居仕立てで再現され、観客からは大きな喝采を得た。そうして、かつての軍隊風の寄宿舎と現在の自治寮としての姿が対比され、何を大切に考えなければいけないのかを見る者に問い掛けた。

ダンスパーティーは合同対話集会と名付けられ、女子寮の全面的な協力のもと、男女の個別対話がワルツのステップで刻まれた。恒例だったスポーツ大会は、開催賛成チームと開催反対チームとに分かれてソフトボールの対抗試合を戦った。吾輩ら鹿の目からは、いつもの年と変わらぬ騒動に見えた。それでも寮生達は、「寮祭開催の可否を問う」と論議し続けたと言い張るつもりだった。立川長老は、ここまでのことを見通していたのか。吾輩には、いずれにしろ、彼の寮への愛着を再確認し得た出来事であった。

当の寮生には重大な決定のために重ねる議論の日々、なのだろうが、周りには例年どおりのバカ騒ぎやおふざけにしか見えない寮祭の期間が過ぎた。最終的な結論はどうなったか。寮祭は開催すべきなのか。それは実行委員会形式が良いのか。その議決に向けた三週間だったはずだ。最終決定の寮生会議には、欠席届も遅刻届もなく全寮生が顔を合わせた。これは珍しい。最初に立川長老の発言が求められたが、既に言うべきは言い終えたと立たなかった。寮役員からの発言もなく、緊張気味の二回生議長は議決のための挙手を全員に求めた。ほとんどの手は寮祭中止に挙がっていた。

その時の寮生達の表情を、吾輩はよく覚えておる。それは今でもよく吾輩ら鹿の間の語り草にもなっている。というのも、どの寮生も満ち足りたように自信を持って手を挙げていたからだ。理由は各人で様々であったろう。もう時期としては前期の授業期間の終わり近く、今から準備や練習は難しいという現実はあった。しかしそれ以上に、自分たちは「止める」という決定だって出来るのだ、という感慨が多くの寮生に共有されていたように思える。前例や伝統などいう既成の価値が一人歩きするのを、その気になれば止められるのだ、と自信を持って確認し合ったのではなかったか。

もちろん実態としては、恒例の行事を議論の名を冠して既に終えていた。「これは二枚舌だ」、「建前と本音の使い分けだ」との批判は当然成り立つはずである。事実そうした議論もあった。「日本人的ご都合主義のダブルスタンダードだ」との指摘や、「これこそ農耕民族的な村落共同体維持のための知恵だ」と称揚する意見もあった。大事なのは、そうした矛盾に気付いていることを確認し合うことだ、と寮生は納得したのである。自分達は、白でもあり黒でもあると認め合った。頑迷《がんめい》固陋《ころう》な心を乗り越えて、この気付きまで辿り着くのに、やはり三週間が必要だった訳だ。さても人間は手間のかかる生き物だ、と鹿は羨ましく思うのである。

第二十一話　女人謹製

大学の男子寄宿舎なので柿ノ木寮の住人は男子だけである。女子学生のためには梅乃香寮があるのだから、男女間での差別といった話ではないのだが、あえて別の建物を用意しているのは、古めかしい考え方と言えるかもしれない。歩いて二十分ほどの男子寮と女子寮との距離は、酔っ払った男子寮生達がストームなどと称して女子寮へ夜討ちをかけるには絶妙な距離だ。飲み方が足りなければ途中で醒めて素面《しらふ》に戻ってしまうし、飲み過ぎていれば途中でへたばってしまう。というより、そんな野蛮さを発揮出来る機会はほとんど無くなっていた。やはりご近所付き合いは大事だということなのだから。

吾輩ら鹿も、このご時世なので多少なりとも気配りしている。所構わずと思われているようだが、例の丸薬のごときフンをするのにもなるべく土の出ている場所を選んでいる。アスファルトの上でフンがつぶれて乾燥すると荒い目の隙間にこびりついて後始末が大変だ、と嘆かれることが多くなったからだ。でも一方、土の上なら少しは肥料の働きをすることも期待出来る。若い鹿の中には、さらに念を入れて一箇所にまとめようとする手合いもいる。歩きながらの脱糞が、危険からの素早い回避を担保し吾輩ら鹿を生き長らえさせてきた。ところが今の世は、そんな危険回避に配慮するより定位置脱糞を要求しているのかもしれない。

柿の木寮生達も、いい加減この世の流れに合わせて適度な軟弱さを発揮しても良さそうなのに、何故か男子寮の看板を掲げ続けて女子の入寮を拒んでいる。まぁ入寮を求める女子学生が居るのかどうか、という現実的な論点もあるとは思うが。ともあれ柿ノ木寮には、家族親族などの一時的な滞在以外で女性を招じ入れることは禁止なのであった。

冬が近付いて来た頃のある夜、寮役員の部屋を一人の寮生が訪ねた。その寮生は、めったに寮から外に出ないことで有名な長老部屋の住人だった。「おい役員、俺の隣の部屋に女が来ているぞ、何とかしろ」とヒゲもじゃらの顔が言った。


何事か、と慌てた役員部屋の二人はすぐに苦情のあった部屋に向かった。通報の部屋は二階だ。階段を昇って廊下の角を曲がると、既に気配を察したということなのだろうか、その部屋のドアの前には人だかりがあった。駆け付けた役員の姿を見て、互いに何かを囁《ささや》き合う者達もいた。役員の二人は緊張した面持ちで顔を見合わせ、どっちがドアをノックするかを一瞬譲り合った。意を決したように一人がノックをした。コツコツ。

「厚生委員の山瀬です。入るけどよろしいか？」と声をかけてドアを開けた。手前両側に設《しつら》えられている二段ベッド四台には他の部屋の寮生達が鈴なりになっていた。その奥のロッカー前のスペースにある炬燵《こたつ》に、ドア側を背にして座る細身の体。長いストレートの黒髪を垂らしてうつむく姿がそこにあった。

「おう、今、説明に行こうと思っていたんや……」と部屋の住人の一人、四回生の中堀先輩の声。寮役員は三回生から選ばれることが多いから、ちょっと気圧《けお》されたように言いよどんだ。

「ちょっと廊下で話そうか」と役員の二人を引き連れるようにして中堀先輩が部屋を出ようとする。その背中に向けて部屋に居た二回生の永居くんが、「先輩、自分が説明した方が……」と声を掛けた。「だから、お前がこうしてこんがらがった話にしたんやろが。何も言わんとそこに黙っとき」と、吐き捨てるような中堀先輩の声。寮役員二人はすっかり押し黙ってしまった。

吾輩ら鹿にも長幼の序はそれとなくある。しかし柿ノ木寮のそれ程でも無い。便利に生きていける程度で充分だろう。まして寮委員の選挙などのようなものも鹿には無い。賢そうに生きている年長の鹿を模範とするだけだ。ところが柿ノ木寮では、時として生き辛さをものともしない杓子《しゃくし》定規も発揮される。それは往々にして劇的に突破されることになる。

先に廊下に出た中堀先輩が、後から出て来た役員に向けて説明し出した。

「実はな、さっき声を上げていた永居やけど、あいつを訪ねて来て、ぜひ会いたいって勝手に部屋に入って来たんや。わしらは、ここは男子寮やから勝手に入られては困る。話があるなら永居を連れて来るから面会用の部屋で待ってくれ、と言うたんやけど、一向に聞き入れようとせんのだ。なぁどうしたらええと思う?」

と、最後は語尾を上げて役員二人に問い掛け、今度は中堀先輩が押し黙った。それとなく遠巻きにしていた近所の寮生達も、続くやり取りに耳をそば立てている。顔を見交わす三回生の役員二人。先輩は黙ったままだ。

「何か込み入った事情があるということですか?」と役員の一人が問い掛けた。待ってました、と言わんばかりに、黙っていた先輩が説明し始めた。

半月ほど前に永居が一度デートにその子を連れ出したことがあったそうだ。その後のやり取りは特にしていなかったという。その子が言うには、大学のキャンパスで見かけることがあっても永居は会話に応じようともしない。これから付き合うと決めた訳でも無いが、そのまま別れにしようと決めた訳でも無い。今日は手作りのお弁当を持って来たので、それを食べて貰《もら》いたいのと、永居くんの気持ちを確かめたいので、それがはっきりするまでここを動かない、と決めたそうだ。それで、ああやって居座ったままなのだ、と先輩は弁当の中身のたこウインナーの色つやまで詳細に語った。

「あいつは、確かにいい加減なところがあるからなぁ」ともう一人の役員が、永居のこれまでの行状の幾つかを付け加えた。男女間の背景については一同が了解したようだ。さて、どうやって事態を終結させるか。吾輩ら鹿なら、雌雄の関係は雌の専断で事が進む。こんな面倒な展開になるのは人間の特徴と言えるが、それに加えて柿ノ木寮生の純情さも絡《から》んでいるようだ。

「仕方がない、私達から直接話す必要がありそうですね」と山瀬厚生委員が眦《まなじり》を決して言った。

柿ノ木寮の役員とは、寮自治会の執行機関である運営委員会を構成する常任の三役を言う。寮長副寮長を別にして、文化委員は勉学環境や文化行事を仕切り、厚生委員は寮生活の福利厚生その他諸々を引き受け、会計委員は寄宿料や水光熱費や寮食堂の材料費支払いなどから渉外役を受け持つ各二名の委員達だった。寮内で起きる面倒事はまず厚生委員の所に持ち込まれるのが常だ。今回の闖《ちん》入不退去事件もそうした展開を見せることになった。

この時の厚生委員である三回生山瀬くん（現代美術専攻抽象陶芸論専修）の直情径行は学内にも知れ渡っていた。彼の行く先では根曲がり松も杉のように直立すると噂されていた。階段でも直角ターンをするし、食堂の洗い場に返却する箸も常に両端が揃えられて茶碗の直径上に正確に配置されていた。その山瀬厚生委員のお出ましに、寮内の空気は弥《いや》が上にも盛り上がっていた。

コツコツ。もう一度寮室に戻った山瀬くん、背中を見せたままの相手にこう切り出した。

「何かご事情がおありのようなので詳しくお話を伺います。つきましては、別な部屋に移動して貰いたいのですがよろしいでしょうか。申し遅れましたが、私は寮の役員をしている山瀬です。このままこの部屋に居て貰う訳にはいかないのです。どうかご理解ください」と少し上ずった声音《こわね》で伝えると、後ろ姿がコクリとうつむき、長い髪が揺れ、近くに居た中堀先輩に何か耳打ちした。

「はい分かりましたって言ってるぞ。おい山瀬、たいしたものだな、俺達が何遍言っても一向に話を聞いてくれなかったのに今の一言で了解してくれたぞ」、などと中堀先輩は山瀬発言を大いに持ち上げた。

何だか怪しい。吾輩ら鹿の間でも下心のある雄がよくこのような浮ついた振る舞いで牝鹿の歓心を得ようとするものだ。

「それでは事務用の部屋があるので、そちらに移ってください」と山瀬委員は先に立って誘導しだした。

先をスタスタ歩く山瀬くんに、遅れてはならぬと二人三人が早足で連なった。従う長い髪も左右に優雅に揺れている。振り返って後ろの様子を見る、などという気遣いは最初から期待出来ない。山瀬くんはいつもと変わらずに廊下の角を九十度に曲がり、階下に向かう階段を下りていく。その踊り場でのことだ、山瀬くんは後ろから突然抱きつかれた。長い髪の女性だったはずが、力強い羽交い締めが山瀬くんの動きを止めた。「だすけでぐれ」と悲鳴を上げた山瀬くんが手足をばたつかせ、そのはずみで長い髪のカツラがその場に落ちた。カツラがとれた格好で立っていたのは、五回生心理学専攻の大山先輩だった、「やぁ」。

この展開をどう受け止めるべきか、混乱の極みで山瀬くんのとった行動は、踊り場を二段階直角ターンで曲がり切って、自室の厚生委員部屋へ駆け込むことだった。踊り場に残った中堀先輩らは、大爆笑をしたものだが、その後大いに反省し、一同揃って厚生委員部屋を訪ね、山瀬くんに詫びを入れた。

特に怒っていた訳ではなかったので、山瀬くんはすんなりその謝罪を受け入れた。からかわれたと怒ってもおかしくない状況であるが、山瀬くんは大らかだった。というより、大らかに受け止めるしかなかったのだ。その場にいた他の全員が、いたずらの気配を察して最初から長髪女性の正体を見破っていたというではないか。そうなれば、実はこちらも最初から気付いていたのだけれど、わざと引っかかってみたのだ、とボケ役に徹するしかなかったのだ。

人間の心の機微《きび》は、吾輩ら鹿には理解しかねることが多い。この例でも山瀬くんが怒らなかったのは何故なのか、若い鹿達には見当が付かないらしい。そういうこともあるだろう。柿ノ木寮という寝食を共にする場を背景に考えなければ、感じ取れないものがきっとあるのだ。

ところでその後の山瀬くんだが、階段の踊り場では、ちらっと後ろを気にするようになった、と若い鹿が教えてくれた。吾輩はそれより、いくらか角度の緩くなった曲がり方に、彼の成長を見付けられたことを、うれしく思っているのだ。

第二十二話　非・難・くんれん

　いわゆる寮長と呼ばれる運営委員会委員長は、一年を前期と後期に分けて選挙されていた。その寮長選挙は、柿ノ木寮でのレクリエーション的イベントの一つでもあり、時には、寮生会議を上回るほどの熱を帯びることもあった。たいていは三回生から複数の立候補者が出るが、事前の根回しが奏功したからなのか立候補表明が一名で、選挙ではなく信任投票になることもあった。一方で時には、日頃から反目し合っているような二人が共に名乗りを上げて、寮生の票を集めようと必死の選挙戦を展開することもあった。この対立選挙の気配を察すると、吾輩ら鹿は寮への出入りを手控えるようになる。何故か。それは何かの腹いせで、こちらにとばっちりが及ぶこともあるからだ。火祭り事件の例は有名だが、柿ノ木寮生の野蛮さは吾輩ら鹿の野性とは別物で、油断ならないのである。

　さて、そんな反目候補同士の選挙では、投票結果が出た後にも心配事が残るものだ。当選した新寮長や役員達が、落選側に仕返しをするとか冷遇するとかが考えられるからだ。ところが多くの場合、そうした問題は起こらない。と言うより、対立する陣営に居たはずの寮生が、当選した寮長によって新役員に指名されることがよくあったからだ。時には、対立候補だった相手が、副寮長の役に収まることさえあった。それなら、この前までの舌戦の激しさは何だったのか、と訝《いぶか》しく思われるのだが、そこは柿ノ木寮のことなので、理由が不明であろうが起こることは起こってしまうのだ。

ある年の選挙で、対立候補が居ないままに信任投票で寮長を引き受けることになった三回生が居た。その彼がこれまであった寮内の規則のあれこれを、どんどん省略するように提案して実行して行くのを見て、規則重視派が大いなる危機感を持った。その結果、任期途中で寮長リコールが発議されたことがあった。これは確かに、珍しい出来事だった。

寮生活の根本は、柿ノ木寮自治会規約で仕切られていた。組織運営や会議の種類や役員の任期や会計処理法など、よくある決まり事が書かれていた訳だが、そこに寮長リコールそのものの規定はなかった。そこで反寮長派は、寮生会議で寮長不信任決議案の形で議決を求めた。理由には、「寮長による特異な規則解釈による秩序維持の放棄」が挙げられていた。この動きが水面下で進みつつあることを寮役員も薄々気が付いていた。気付いてはいたのだが、彼らは特段の対応策を講じようとはしなかったのだ。

出席寮生の多くは、不信任案の提案に驚いた様子を見せたが、それもありかな、とさして動じない面々もいた。その間に位置する中間派にも多様な色模様が見られた。そんな中で、法学を専攻していた一人の寮生が発言を求めた。

「この提案は不信任決議についての主張でした。しかし、この不信任決議とは、国会の話で考えれば、内閣総辞職か衆議院の解散となる重大な決議です。しかし、運営委員会の総辞職について寮自治会規約には、そうした規定が無いのであります。ですから、この不信任決議という呼び方について問題があると考えます」。何でそんなことを今、この場で言うのか、と何人かの寮生は思ったが、議長は極めて冷静に発言者に問い質《ただ》した。「それでは、今の提案は何と呼べばいいと言うのですか」、答えて曰く「当然、問責決議案です」。

衆参両議院の違いについて勉強になったなぁと感心した寮生が多かったが、この名称の変更で事態が大きく変わったことを思い知らされたのは、実は寮長その人だった。つまり、それまでは、寮役員全体の働きぶりが批判の対象だったが、今度は個人としての寮長が矢面に立たされることになったからだ。吾輩ら鹿の世界でもよくある話だが、集団でなら回避出来るトラブルでも、個々の鹿では対応しきれないことがあるものだ。卑近な例だが道路の横断は、みんなで渡ると鹿でも車を止まらせることが出来る。

不信任決議から問責決議になったことで、それまで寮長と一体となって事態収拾に躍起になっていた他の寮役員から、それまでの必死さが消えてしまった。寮長一人に対する責任追及なら、それは当人が引き受けるべき課題であろう、という空気が漂い出したのだ。自分達は寮役員としてそれなりの努力をして来たつもりである。寮の日常を切り盛りするには、それなりの苦労があるものだ。そうした雑事を厭《いと》わずに、我々は努力して来たのだ、との思いが役員らの顔に浮かんでいた。でも、役員からの発言はなく、みんなは全てを心の奥に仕舞い込んでいた。

さてその問責決議だが、どのように賛否を確認すべきかが議論になった。提案者はすぐにこの場で投票すれば良いと主張した。勢いのままに投票に持ち込めば、そのまま可決する可能性が高いと踏んだのである。投票は記名か無記名か、と質問が出た。無記名でよいと提案者は答えた。理由は、下回生には上回生に対して遠慮があるだろうから、無記名じゃないと本心を示せないからだ、と付け加えた。これに対して先ほどの法律の専攻生が、これまでの寮規約にない手続きなのに、これまでと同じ方法では問題があると言い出した。参議院でも記名投票なのだから、それに倣《なら》うべきだという持論を述べた。さらには会議の欠席者にも、この重要な投票には参加させるべきだという意見も出た。そこで、投票は後に日を改めて行うことに決まった。

記名投票か無記名かについて、議長が挙手を求めたところ、その採決も誰が挙手をしたかが分からないようにしないと下回生が萎縮するのではないか、と意見が出た。吾輩ら鹿にも判断に悩むことは多い。しかし、この柿ノ木寮の会議のように決められないことを優雅に楽しむという余裕は無い。満足な鹿よりも不満足な人間であることを望むのが柿ノ木寮ということかもしれない。まるで、簡単に決められる会議よりも議論し続ける会議を望んでいるようだった。しかし投票は一週間後に、ということだけは決まった。

記名投票にするか無記名にするかは、記名を基本とするが無記名であってもその票は有効とする、という曖昧な結論になった。投票は臨時の委員会が組織されて不正や不備が生じないように配慮された。柿ノ木寮生は、自分の一票を、寮長に向けた責任追及のつぶてと為すか、暗黙の励ましとするかを決めることとなった。宿直や夜勤のアルバイトなどで不在がちの寮生も多かったので、投票期間は一週間設けられた。その一週間は、問責をする側にも問責を受ける側にも、実に長く感じられた。

吾輩ら鹿にとっては、この一週間という単位はあまり意味を持たない。それよりももっと長い単位の季節の巡りが関心事である。発情期を控えた頃には、何にでも好奇心が向き、普段は口にしないような葉っぱにも気が向いたりする。そんな傾向を体内に感じながら、四つ程のまとまりを順に巡らせている訳だ。あるいは、最近の若い鹿なら、生ゴミの回収日である三日おきが単位として大きな意味を持つ場合もある。吾輩のような老体には、時に激辛ソースなどの食べかすが混じる生ゴミは、やはり敬遠してしまうのだが。

さて、そうこうしているうちに一週間が経ち、開票となった。事によると寮長解任にもなり得る、前代未聞で注目必至の投票結果である。結果の票数は、問責の必要を認めるものよりも、その必要は無いというものが多かった。圧倒的な票差では無かったが、僅差という程でも無かった。寮長のこれまでの言動を問題視する一定数の寮生の存在は確かだが、批判し解任するほどでも無いという、曖昧の極致のような結論となった。この投票結果の詳しい分析も為されたのだが、その内容はあまり関心を持たれ無かった。

記名投票の多くは上回生で、問責必要の傾向があった。それに対して無記名は下回生に多く、問責不要の傾向が見られた。寮長批判派は、若い新勢力の勃興に少々の恐れを抱いたらしく、その後しばらくの間、批判的言辞は影を潜めていたのだった。

寮長に留まることになった結果を、当人はそんなに喜んでいるようにも見えなかった。それまで見せていた彼の脳天気な快活さが、しだいに影を潜め、その代わりに憂いを含んだ懊悩《おうのう》の表情を、ふとした瞬間に見せることがあった。寮長の追い落としを狙っていた柿ノ木寮内の一派も、そうした寮長の憂い顔を目の当たりにすると、追及の手が緩んだ。と言うよりも、露骨に批判姿勢を見せると、まるでいじめっ子を咎《とが》めるような視線が自分達に浴びせられるようになった。これではまずい、と一派は動きを控えるようになり、結果として微妙な均衡を保ちながら柿ノ木寮の日々は過ぎていった。

その均衡が崩れたのは、消防訓練の日だった。前期と後期の役員体制ごとに年二回、その訓練は実施されていた。日にちは関係者以外には非通知で、抜き打ちで行われる。火災発生の寮内放送が突然鳴り響き、部屋近くの消火器が火災場所と仮定された場所に集められたり、避難場所として道路の向こう側のテニスコートが指示され、そこへ目がけた避難誘導などがチェックされたりした。寮役員が点検し、その取り組みの全体は、学生課や消防署など外部からの点検にもさらされるのである。

普段の柿ノ木寮の大まか過ぎる様子と比べると、確かにこの時の寮生達は、キビキビと動いているように見えた。誘導役を分担している役員は、寮室を一つ一つチェックし、逃げ遅れが居ないかどうか声を掛けていた。たまたまそうした訓練の場に居合わせた吾輩ら鹿にも、その真剣さは迫力充分に見えた。そんな中で、一人の上回生が夜勤バイトから戻って寝入ったばかりだったらしく、避難を拒んだ。下回生である役員は、避難するように懇請《こんせい》したが、その先輩は見逃して居なかったことにせよ、と強硬に布団から出ることを拒んだ。仕方なくその場を離れた役員だったが、その後すぐに学生課の課長がその布団居残りを見付け、その寮生を避難場所まで引きずり出した。それはもっともなことなのだが、その上回生は腹の虫が収まらずに、その憤懣《ふんまん》を寮長に向けたのであった。

柿ノ木寮のテニスコートに集合した寮生達は、寮役員の指示で横隊に並び、そこで点呼を受けた。担当役員の厚生委員が、計測していた避難に要した時間や、避難行動の際に気付いた点などを報告した。立ち合っていた消防職員が講評を述べ、最後に学生課長が一言述べたいと発言した。これはちょっと異例のことだった。

吾輩ら鹿にも一言居士といった感じで、とにかく喋りたがる手合いがいるが、それと通じるものがこの課長にあったのかもしれない。大学の教官が課長職を兼務していたので、学生指導のつもりで言いたくなったのかもしれない。または、自分の出しゃばった行動を、少しは説明しておきたいと思ったのかもしれない。

「避難訓練は、命に関わる大事なことなのだから、面倒でも疲れていても積極的に参加してほしい」と極めて常識的なことを言った。

これで訓練も終わり、と思えた時、例の引きずり出された寮生が発言を求めた。寮長に向けて質問したのである。「さっき点呼をとったけれど、あれにはどんな意味があるのか。寮役員は、寮内に居る寮生をいつも把握している、ということなのか」と問い質《ただ》したのだ。点呼というのは、居ない者を知る手だてのはずだ。だとしたら寮役員は、寮生の誰が寮内に居るかどうかを常に監視しているのか？——だから居るはずの自分が集合していないから引きずり出されたのか、とまでは言わなかったが言いたかったのかもしれない。

衆人環視の中で寮長は答えに窮《きゅう》した。何のための点呼だったのか。おもむろに口を開いた寮長は、「誰が居ないかを調べるのではなく、誰が居るかを知るための点呼です。我々役員は、生き伸びようとする努力の結果を記録する義務があると思うのです」と簡明に述べた。寮長の慌てふためく姿を期待していた質問者は、そのあっけない答えを聞いて色をなくした。そうなのだ、役員は人助け係ではなく記録係なのだ。生きる努力は自分でしなければならない。そう寮生一同は自覚し直したのだった。

第二十三話　便所のかみさま

女っ気に乏しいのは、柿ノ木寮が男子寄宿舎なので当たり前だ。色気付いた寮生は、早々と寮を出てアパート暮らしを始めたりする。彼女が出来て寮の会議や行事をサボり出すようになると、周りの寮生が「たいりょう節」を歌ったりするようになる。それは、やっかみ半分というよりも、やっかみそのものだが、それでもすぐに退寮しないのは、柿ノ木寮には去りがたい魅力があったからなのかもしれない。アパートの部屋を借りるお金がない、という現実的な問題の場合もあるが、そんな同じ時期、彼女にアルバイト掛け持ちをさせて優雅な学生マンション暮らしを始めた奴もいた。寮生にも、いろいろなタイプがあるということになる。

吾輩ら鹿にすれば、雌雄の関係が日々の生活で大きなテーマになるのは、人間が言うところの発情期だけの話だ。特定の限られた期間にだけ、牡鹿は牝鹿を追い掛け回すようになる。この仕組みは実に合理的で、その時期以外は各自で好きなように行動する。それに引き替え人間の不自由さは何としたことか。年がら年中、異性を意識して自分の行動を見栄え良く演出しようとする。女性がなよなよとしなを作れば、すかさず男は鼻の下を伸ばさなければならないらしい。窮屈なものだ。そうした一般的な雌雄関係、いや男女関係といささか異なる風を見せる柿ノ木寮生達だが、年中発情という人間の業《ごう》には、同じように囚われているようである。

北寮と南寮の二棟は東西に並んで伸び、その間は中庭である。年に二度ほど臨泊室の布団干しで使われる物干し台が庭の端にあり、中央近くには大きな柿ノ木が植わっている。この柿の葉っぱがうまいので、鹿がよく集まって来る。そんな寮の建物東端に便所と洗面所がある。洗濯機も置かれている。その便所の個室に、寮生達の青春の煩悶《はんもん》が隠されているのを、吾輩ら鹿はお見通しなのである。

古い型の水洗便器なので、柿ノ木寮の便所の個室には頭上に貯水タンクがある。水回りの点検時ぐらいしか、注意を向ける者は居ないのだが、よく見るとそこに時々雑誌が置かれていたりする。いわゆるエロ本である。週刊誌や月刊誌の場合が多いが、豪華なビニ本だったりもする。折り畳みのグラビア満載の雑誌よりも片手でページをめくれるぐらいの本が多い。それはもちろん、両手が塞《ふさ》がってしまえば自慰に都合が悪いからであろう。

吾輩ら鹿の世界でも、交尾に至らずに発情だけを処理しなければならない場合はある。特に雌雄の頭数差が顕著な状態になると、こういった問題が出来《しゅったい》する。若い牡鹿同士がじゃれ合っている中で、互いに性的な興奮状態になったりもする。それでも、一頭単独で興奮状態に舞い上がるという例はほとんど無い。たまに見かけることがある例で、後ろ脚の付け根辺《あた》りを木の枝にこすりつけるようにしている鹿の場合は、たぶん寄生虫か何かのせいで、痒《かゆ》がっているだけだ。性的な興奮についての鹿の行動は、あくまでも生殖と結び付いている。これは自然の摂理であるが、別な意味で柿ノ木寮生も人間としての摂理に従順だと言えるのだろう。

寮の居室は四人定員であるが、実際は二人か三人部屋が多い。入口のドアを入ると両側に二段ベッドが通路を挟んで向き合っている。その上のベッドは、通常の目線の上にあるので、自慰の多くはそこで済まされる。掛け布団の中で済ます慎重派も居れば、開放的に着替えのついでに軽やかに済ませる者も居た。いろいろなタイプがあるが、その誰もがやはり部屋への来訪者を気にしている。突然ドアが開いて誰か入って来たらどうしよう、この時間帯なら人が少ないから大丈夫なはずだ、もし最中を見られたら何と誤魔化そうか、などと落ち着けない感じである。という意味で、便所の個室なら安心だと考えるのも納得出来る話である。

かつての猛者には、まったくの想念だけで勃起させ、想像の世界で射精にまで達する寮生が居たという。もちろん柿ノ木寮の公式記録にそのような記述が残ることは無い。だから全て、口伝えのみで語り継がれる蛮勇伝である。尾ひれがついた話の中には、一切の物理的な接触を断ち、完全妄想世界で昇天する究極の技を伝承するものがある。既にそれは一つの技芸の域に達する気迫を感じさせるのだが、公に喧伝《けんでん》する訳にもいかず、知る人ぞ知る世界で言い伝えられている話である。

そこまで達するには気迫に乏しい数多《あまた》の寮生は、自分好みの雑誌を密かに便所の個室に運び入れて、そこで心ゆくまでの心身解放を目指すことになる。好みは千差万別で、ありきたりのグラビア写真で満足気なビギナーから、年増好みや緊縛物、マッチョ志向やロリータ趣味もあったりする。たで食う虫も何とやらで、そのこと自体はとやかく言挙《ことあ》げすることでもない。しかし、せっかく選び抜いて持ち込んだ自分好みの雑誌なのに、その中のページを開けないようにさせられるのは、やはり大問題なのである。

どれほど詰まらない議題でさえ、寮生会議では真剣に話し合われるが、さすがに「人が持ち込んだ便所の雑誌に勝手に射精しないことの議決」を求める提案は憚《はばか》られた。自分の好みのページが糊付けされたようになって怒ったある寮生は、その雑誌の表紙に、「読んでも出すな」と警告を書き付けたが、何の効果も得られなかった。

吾輩ら鹿にしてみれば、発情期を持たない人間達のこうした悲喜劇は、実に興味深い観察対象であり、気の毒にも思う。だからついつい、鹿としては同情の思いで注目してしまう。そんな中、永居くんという寮生が、大憤慨した場面に立ち合ったことがあった。彼は自分が手にした雑誌に挟み込まれていた写真を見て、激怒したのであった。

便所の個室上部の水タンクに隠されていたその雑誌には、学内で撮影されたと思《おぼ》しき写真が挟み込まれていた。桜の満開を愛《め》でる女子学生数名の姿が写っていて、その中の一人が永居くんの彼女だと言うのである。万朶《ばんだ》の桜も恥じ入るような華やかなスナップショットなのだが、それが便所の個室というシチュエーションにあっては、一挙に淫靡《いんび》さを醸し出す一枚となった。だから永居くんの激怒には、彼の身近な者達も同じような憤りを分かち合えた。勝手に自分の彼女を対象にして自慰されるのは許せないと、多くの寮生が義憤を共有し合うことになった。

一方で、「何もそんなに怒ることでもないだろう」と、事態の過激化を宥《なだ》める意見も囁《ささや》かれ出した。何しろ、寮生会議に持ち込めない案件であるので、柿ノ木寮内で噂話が囁《ささや》かれ合うだけなのである。想念の世界で自分の好きなように遊べないのでは、人間に想像力が備わっている意味が無いではないか、というのが彼らの主張の要諦《ようてい》であった。確かに、当人に物理的な影響が及ぶような事態になっている訳ではない。しかし、永居くん的には許せない。許す訳にはいかなかったのである。

　吾輩ら鹿には、想像力がどうしたこうしたの議論は、それほど重要なものに感じられない。鹿に限らないが、自然界で生きる動物達は、実在する物に関わる考えをするだけだ。目の前に居ないものを思念して、そこで交尾を仮想的に実現させることなどには、とうてい意味を見い出せない。それは換言すると、自分から何かをする際に、想像力が動機になることは無い、という意味だ。つまり逆に、危険から身を守るなどの何かをすべき状況を先読みする際には、人間と違って持てる能力の最大を傾注するのである。

自分の彼女が汚されるように感じ取った永居くんが、過敏過ぎるという話に落ち着いてしまうのかどうかの瀬戸際である。永居くんは、ある時から北寮と南寮の便所の個室全てを点検し始め出したのである。その行動は、さっそく「日付盗撮改め」と囁《ささや》かれることになった。

大学の授業に出かけるのにも熱心だった永居くんなので、この日付盗撮改めにも特段の執着を見せた。自前で点検ノートを作り毎日の個室の変化を記録した。北寮第一個室（と勝手に命名していた）に週刊エロ実話最新号、グラビア三ページ目と四ページ目固着。使用頻度二（勝手に五段階で、一のほとんど使用感なしから、五の手垢がこびり付いたぐらいの使用感までを評定していた）などという細かな記録が、日々蓄積されていった。

これまでなら永居くんに会うには、大学のキャンパスですれ違う機会が多かったのに、この点検が始まってからは柿ノ木寮内に居る時間が長くなり、何人かの友人達は彼が病気にかかったのかと心配したものだった。その熱心さは寮内でも話題になり、便所の前に張り付くようにしている彼を見て、「便所へ行くのにいちいち緊張してしまう」などとぼやき声も聞かれるようになった。排便排尿で便所に行くのにも気を遣うのに、ましてやそれ以外の目的で便所に行くのは相当の勇気（それを勇気と呼んでいいのかどうかは見解が分かれると思う）が必要とされる状況になっていた。

吾輩ら鹿にも、行動を監視されることで極度に緊張するタイプがいる。もちろん見ているのが何者かによって、反応としての行動も変わってくる。仲間の鹿から見られているのなら平気でも、人間だとやたらに興奮してしまう鹿は居るのである。大騒ぎするので傍《はた》迷惑な話だが、でもこういった手合いが観光客には大人気だったりする。それぞれ得意な活躍場所がある、ということなのだろう。

かれこれ永居くんの日付盗撮改めが二週間目に差し掛かった頃から、柿ノ木寮内には剣呑《けんのん》な雰囲気が漂い出した。原因は特定出来ないものの、自室での気遣いの多い自慰行動に嫌気が差して、前のように便所を解放してほしいとの怨念が渦巻き出したのであった。これも寮生会議には提案しにくい。かといって、永居くんの行動を止めさせる口実も無かったのであった。

ルーティンワークと化した日付盗撮改めに赴いた永居くんは、三週間目も終わりかけのその日に、南寮第三個室でたいへんな物に出くわした。これまで、固着したページがあっても、その記録はしても中をこじ開けないでいた。誰がどんな嗜好を持つかに、永居くんはさして興味を持っていなかったからだ。しかし、その雑誌に何か別の写真が挟み込まれていた場合には、解明せずにはいられなかった。自分の彼女も並んでいた写真が、雑誌に挟み込まれていた事実が彼に多大な不快感を与えたからだ。

その第三個室の雑誌には、中程に固着したページがあり、その内側には別な写真が挟み込まれているようだった。ページの端がていねいに張り付けられ、ちょうど袋とじの状態になっていた。これは何かある、と直感した永居くんが、慎重にページを引きはがすと一枚の写真が出て来た。それをよく見ると何と、永居くん本人が大学正門前で頬笑む記念写真だった。もう三年も前の入学当時の写真のはずだ。屈託無さそうに白い歯を見せて笑う自分の顔に、彼の高ぶりは一挙に萎えていった。

拍子抜け、という感覚を吾輩ら鹿も、よく味わう。何かの気配を察して耳を澄ませ、さっと頭を上げて遠くを見透かす鹿の姿に、観光客はたいそう驚くようだが、野生での暮らしをしていればよくあることだ。自然の中で生きるのは、常に危険と背中合わせに暮らすことでもある。でも、野犬かと警戒して見通した先に、木の根っこにつまずいて転《こ》けた子猫が居たりすると、大いに力が抜けてしまうのである。

こんな物を見つけ出そうと、永居くんは調べ続けていた訳ではなかった。確かにそうだ。以前自分が疑ったように今回も疑うならば、自分の写真で興奮する奴が居るということになる。まさかそれは無いだろう。そう考えるのはあまりにも短絡的過ぎる。これは単に自分への警告か当てこすりなのだろう。永居くんはそう結論付けた。そして、それまでの日付盗撮改めを止めてしまった。

共同生活というものが、常に他人の視線を感じさせる窮屈な暮らしだと、敬遠する人間は多い。分からないでもない。吾輩ら鹿の暮らしだって、ある意味では共同生活そのものだ。当然、その鬱陶《うっとう》しさを実感している。かといって、単独で行動する大人の牡鹿の場合でも、それは近くに牝鹿や子鹿の群れがあるのが前提になっている。つまり、大きく全体を見渡すなら、共同生活は生き物が生き延びるための必要条件になっていると考えられる。

柿ノ木寮での共同生活は、確かに他者の存在が個人生活へ間断なく侵入して来るものと見なせる。スリッパのままで食堂へ行きたいと思っていても、それが廊下の土足禁止に反するかどうかを議論しなければならないのは確かに面倒臭い。でも、そんなことも含めて、生きる上での条件なのだと思えるかどうか、それが寮生活の評価を大きく分ける。心ゆくまでの自慰を楽しみたいと便所に籠もりもするが、その他の共同生活部分を受け入れられるなら、それは生活の知恵と呼ぶべきではなかろうか。個人的には意味重大な正義の行動でも、永居くんの日付盗撮改めは、どうやら過酷過ぎる仕打ちだと寮生仲間には感じられたらしい。

永居くんは親しい寮生仲間に、自分の行動が真っ当な理由のあることだと話してみた。彼女の写真が便所の雑誌に挟み込まれていたことを、誰もが永居くんと一緒に憤った。加えて今回、彼自身の写真が挟まれていたことも話した。自分の写真で興奮する奴が居るように思えて非常に不愉快である、と付け加えた。聞いていたみんなは、それにも同意した。その中の一人がその写真を見たがったので、永居くんが取り出して彼に見せた。手にした寮生は、その写真の永居くんから少し離れて立つ彼の母親に注目した。「これ、なかなかイケてるじゃん」。着慣れない和服が気恥ずかしかったのか、母親ははにかむような笑顔で写っていた。永居くんは、「えっそれじゃ、母親が誰かを興奮させたのか」、と彼はまた新たな悩みを抱えてしまいそうになった。

第二十四話　たいりょう節

遠方からの学生が大学に通うのに、下宿やアパートではなく今ではワンルームマンションなどを住まいとすることが多いようだ。部屋の広さや交通の便利さなどの条件で、家賃も多様な中から選ぶことが出来る。数年間だけの仮の宿だからと、行き当たりばったりで住み始めても、宿替えはそんなに難しいことではない。そうした便利さが当たり前の世の中で、木造二階建てで同室者有りの共同生活を送ることは難しいことであろうか。毎年四月、柿ノ木寮への入寮希望は続いている。そのこと自体が、実は不思議なことなのかもしれない。ところが、当の寮生自身らは、その入寮希望者が居ることをさほど不思議とも思っていない。そのことは、一層不思議な出来事である。

入学式が終わった午後、毎年学生会館の一室で入寮選考が行われる。希望者は予め《あらかじ》大学の事務宛に入寮願いを提出する。定員超過などでもない限り、手続き上は既に入寮は確定しているはずだ。ところが、この寮役員による選考会を経ることが、柿ノ木寮生となるための第一関門なのである。と、柿ノ木寮生達は思っている。入寮選考は厳粛な手続きで進められる。役員以外にも長老などがオブザーバーなどと称して顔を並べたりもする。学生課の職員が立ち会いを求めたりして、かつては役員との間で揉めたこともあったと聞くが、今ではそんなことは滅多に無い。意外に参観者が多くなりがちな入寮選考なのである。

近年は、その選考に親が参加したがる例が増えた。入学式自体にも親が参加することが多いので、そのまま午後の入寮選考にも同席したがるのだ。しかし、役員はていねいに説明し、我慢してもらっている。理由は、「これからは寮生としての自覚ある判断や行動が必要になります。その覚悟や実行力を見るのには一人の個人としての姿が大事なのです」とか何とか。最近の若い母鹿にも聞かせてやりたい話である。吾輩ら鹿の世界でも、どうも過保護というか親の口出しが多くなり、失敗体験に乏しい鹿が増えている。拾い食いをせずに成長し、腹下しの体験をしていない親鹿が増え続けたら、それは子々孫々に影響する大問題だ、と吾輩は危惧している。

入寮を認めるかどうかの基準は、毎年役員間で議論される。協調性が必要だとか、独立心を見るべきだとか、規範意識を確かめなくては、などと生真面目に話し合う。そしてたいていは、ではそれらをどのようにして調べるか、という実際面での議論になった時に、急に行き詰まってしまう。協調性メーターなどが無いからだ。ではどのようにして、入寮希望者を観察し入寮の当否を判断するか。責任者の寮長は、悩むことになる。

よほどの乱暴者だと分かるのでなければ、たいていは入寮出来るのだから、面倒くさい選考会など開くこと自体が無駄に思える。しかし、きっと柿ノ木寮生にとっては、吾輩ら鹿には理解出来ないような深遠な理由があるのであろう。活発だった議論が停滞してしまうと、最後は役員による個別の質問をして、その答え方から判断しようではないか、という結論に至るのである。そうなると質問内容が重要になるが、質問は何故か突拍子もない内容になりがちだ。答える側のうろたえる姿を観察することで人物が分かる、と役員の多くが思い込んでいるからだ。

ある年の選考会で、ワイン色のブレザーを着た入寮志望者に向けて一人の役員が、「その着ている服は目立っていますが、そういうお洒落が好きなのですか」と聞いた。答える方は、そんな質問を予想していなかったので驚いた顔になった。その慌て方を見て、質問した役員はその反応だけで満足していたが、「これまで私は、あまり晴れがましい場所に出ることが無かったので、この服は今まで着たことはありませんでした。ですから、今日の入学式を逃すともう着る時が無いかもしれません。それで頑張って着てみました」と、その志望者は答えた。さらに付け加えて、「こうした服を着ていると、寮生活は無理でしょうか」と逆に聞いて来た。聞かれた役員の方が慌て出した。お洒落だと寮生活は無理なのか、お洒落じゃないと無理なのか。役員自身も考えたことのない質問だった。

元来お洒落と寮生活には接点が乏しい。お洒落を連想させるような物事が、柿ノ木寮内にあるかどうかも疑わしい。その関係は例えば、「丸い四角」とか「冷酷な親切心」などのように、二律背反のようなものだ。つまり、柿ノ木寮生はお洒落を意識することはほとんど無い。そうだというのに、ワインカラー色のブレザー志願者が入寮選考で提起した、「お洒落と寮生活」との関係は、寮役員達をしっかり悩ませてしまった。

入寮選考の部屋では、後方に志望者を横並びに座らせていた。そこから一人ずつ呼び出され、役員達がコの字に取り囲む机の前に座って質問を受ける手順だった。その役員席の沈黙が長く続いた。その時間は、志望者達にも動揺を与えた。「変な質問をすると、嫌がられそうだぞ」といった忖度《そんたく》が伝染するように広がり、その部屋の後方の空気がざわつき出した。

そう言えば、似たようなことが吾輩ら鹿にもある。それは、天敵である野良犬達と出会う場面でよく見られた。双方が緊張して身構えると辺りの空気が固まったようになる。しかし、ほんの小さな動きが、隣から隣へと全部の鹿に伝わって行き、その固まった空気が一挙に溶け出すことがある。人間達は「空気を読む」という言い方をするようだが、吾輩ら鹿には「空気を揉《も》む」という言い方が適しているように思う。固まって動けないままでは次には進めないのだから、誰かが空気を揉みほぐすべきなのだ。

すっかり固まった役員達の背後から、長老の一人が声を上げた。彼はオブザーバーの参加だから、本来なら質問しないはずだった。

「では、そのブレザーはどうやって手に入れたのか教えてほしい。気合いを入れることでやっと着られる服のようだが、それは自分で買ったということなのかな?」

どんな意図での質問なのか、誰にも分からなかった。ブレザーの入寮希望者は、母が買ったことを、小さく答えた。長老は、「親孝行出来て良かったなぁ」と笑顔で彼に語り掛けた。空気は一瞬にして溶けた。ブレザー君は入寮後しばらくの間、孝行息子くんの愛称で呼ばれることになった。

入寮選考では質問の他に、腕立て伏せなどの実技を要求されたりもする。ある時の選考では、志望者の体格などを勘案して増減された回数が指示された。ひ弱そうに見えたのか、五回と指示されたのに、発奮してその倍以上頑張ったりしたうらなり君も居た。そうすると、期待を裏切られたことがうれしいのか、役員達は大いに盛り上がった。逆に、「どうして腕立て伏せが必要なのか」と役員に質問をする志望者が出て来たりもする。でもこれは想定内のことで、役員は代々受け継がれている理由を滔々《とうとう》と語るのであった。

似たようなことは吾輩ら鹿の世界にもあって、まだ経験の乏しい若い鹿が、どうして小川を渡るのにわざわざ高低差の大きい所を行くのか、などと質問して来ることがある。その答えは実際に、色んな場所を渡ってみれば体感出来ることなのだが、答えだけを性急に求めたがるのが若さということなのかもしれない。現実には、答えが幾つもあったり、正答など初めから無かったりする問いもあるのだ。それらを実感出来るには、少々時間を要するものだ。

役員達は、腕立て伏せの必要性について答える時、背筋を伸ばしやや上方の一点をしばらく見やり一呼吸おいてから、「理由はありません」と質問者に返すのが常だった。質問者は、その答えらしからぬ答えに驚いて、多くの場合口籠もってしまう。「理由の無いことをさせるとは、この人達は何を考えているのだ」などと思うことだろう。質問者は無言で、居並ぶ役員やオブザーバーの長老達を見回している。「一つ付け加えれば」と役員は続ける。「寮役員を含め私達全員が、入寮選考で腕立て伏せをしました。そこに何かの意味があるのか、あるいは何も無いのか、柿ノ木寮生全員がみなさん同様に考え続けているのです」。

入学式の日の午後は、こうして思索の時間となる。柿ノ木寮に合う人材を選ぶというより、何やら胡乱《うろん》な寮生活を想像して、志望者側が柿ノ木寮を選ぶかどうかを決める場でもあるのだ。だから選考会で志望を取り下げる場合もある。その決断も、極めて貴重なものなのだ。

選択と決断の双方向性と呼べるような関係は、入寮後も続いて行く。晴れて柿ノ木寮生となったとしても、その寮生を続けて行けるかどうかは、新たに別な問題として一人一人に常に降り掛かってくる。寮生の側から、「こんな所に居て良いのだろうか」と自問が発せられもするし、柿ノ木寮の方から、「こんな奴を置いておいて良いのだろうか」と迷いが生じることもある訳だ。そんな寮から発せられた疑問は、何故か定番の歌となって唱和されるのである。

柿ノ木寮で様々な口実を設けて開催される宴会は数多くあり、私的な集まりも加えればほぼ毎週のように寮生達はどこかに集まっている。その中でも二つの大きな宴会と言えば、六月頃に開催される寮祭の打ち上げと、十一月頃の大学祭時の集まりであろう。寮祭は、寮を会場にして催すのだから寮生のほぼ全員が集まる。一方の大学祭の宴会は大学のキャンパス内が会場になるので、集まり方が小さくなりがちである。それも昨今の宴会自粛の気運の高まりの中、適当な芝生を見つけて彷徨《さまよ》うゲリラ的な開催になるので、参加する側の寮生もどこが会場なのかを自力で探し出さなければならない。まるで追い駆けっこのような宴会なのだ。

そんな苦労をしてまで、どうして飲み会に拘《こだわ》るのか、と柿ノ木寮生でない人々は思うことだろう。吾輩ら鹿にも、寮生達の拘りは不思議に映る。さらに一層不思議なのは、そこで歌われる歌が、いつも決まって斎太郎節なのである。「♪松島～の、さぁよぉ～瑞巌寺ほどの、寺もないとぉえ♪」の歌である。それを延々とくり返す寮生達を、吾輩ら鹿は何度も見せ付けられている。そしてその歌だが、良く聞いていると実は一回ごとに、一人一人の寮生宛てに向けて歌われているのだ。「○回生の誰々居るか?」と問う声に返事が無ければ、その不在の寮生に向けて、「♪松島ぁ～の♪」と歌が始まり、最後の囃子詞の「アレワエーエエ　エイト　ソーリャーたいりょうだエ」が大音声で唱和されるのである。

「大漁だ」との囃子詞が、ここでは「退寮だ」と掛け合わされている。その場に居ない寮生が、何度も「退寮だ」と宴会で餌食《えじき》になるのである。もちろん、いくら大声で囃し立てたところで、それでその寮生の退寮が決まることは無い。そんなことは全員が百も承知なのだ。でもしかし、寮生にすれば自分の名前で退寮を連呼されるのは、やはり心穏やかでは居られないらしい。だからこそ、寮生は必死に、その彷徨《さまよ》う寮の宴会を探し回るのである。

ある意味で彼ら寮生達ほど、言葉の持つ力を実感している人間は居ないのかもしれない。彼らは自分の名前が「たいりょう」という声音と共に連呼されると、その実体が形作られるのではないかと畏れている。そんな迷信に惑わされるなんて、と笑い飛ばせたら楽なのであろうが、寮生達は言葉に封じ込められている禍々《まがまが》しさを見くびったりしないのである。

そんな古風で頑固な人間は最近では珍しいと、吾輩ら鹿も思っている。人間が言葉を使い出すようになった当初は、一つ一つの言葉をどれだけ慎重に必死に形作ったことか。吾輩ら鹿は、だからこそ言葉になってしまう前で留めるようにしたのだ。出来るだけ単純な鳴き声に絞って、声を使うことにした。人間達が、後先を考えることなく、軽々に言葉を発するようになっていくのを見て、吾輩ら鹿は心配している。

そしてその言葉の軽さはいつしか、人間同士が大量の殺し合いで愚かしさを競うまでに肥大化して来ている。憎しみの叫び声だったものが、抹殺の呪い声に変わって行くのを鹿達は眺めて来た。封じ込められていた禍々《まがまが》しさが言葉から放たれてしまった。でももし世の中の人々が、柿ノ木寮生達ほどに言葉への畏怖を素直に実感するようになるなら、人間達にも希望はあることだろう。吾輩が人間についてどう思うか、と聞かれたら、今言ったようなことを答えるつもりだ。そんなこと、誰が聞いてくるかって?――そういうことを自分で考えもせずに気安く聞いてくること自体に、吾輩はあなた達人間の不遜さを感じてしまうのだ。まったくもう。

後書きに代えて

「古都に棲む語る鹿」が、私に語った話を、このように世に問えることは、たいへんな喜びであります。オウワンは、一頭の鹿でありながらも、実は時代を超えて連綿と受け継がれていく鹿と寮生の合体した文化であると、私には思えます。

ある時代のある場所に限った昔話に読めることでしょうが、実はいつでもどこにでもあるはずの話を、オウワンは語っているように私には感じられます。ですから、似たような体験をお持ちのみなさんは、自分仕様の話に置き換えてお楽しみください。似たような体験の無い方は、このような野蛮さと関わらないままに生きて来られた幸せを、しみじみ味わってください。いずれにしろ、喜ぶべき話として楽しんでもらえることを、鹿語を人語に置き換えた者としては、心から望んでおります。

話の中に出てくる人物名や場所などは、この話のために割り当てたものなので、もし同名の場合があったとしてもその実在とは関係がありません。参考として掲げた写真も、鹿的日常を補完するものです。似たような現実があったとしても、この話とは関係がありません。念のために書き添えておきます。

元は2010年から書き続けて来たブログ「柿ノ木寮蛮勇伝」の記事だった内容を、このように出版出来ましたのは、一声社の米山傑氏に多大な労をとってもらえたからです。適確なアドバイスと実行力に満ちたリードに対し、記して感謝の意を表します。かつて同じ釜の飯を食い、また今になり一緒の仕事が出来て、たいへん有り難かったです。

うP主敬白

母子鹿がよく行く寮の中庭

男子寮生と女子寮生のフォークダンス

中庭で布団干し

大掃除の後に食堂のおっちゃんと記念撮影

女子を呼び込める日、個室開放

食堂でのコンパ

渡月橋の朝（夜行軍）

仮装行列

私鉄駅前広場で寮歌斉唱

食堂への行き帰りに横切る道路

寒い時期の部屋替え

大掃除後の恒例記念撮影

日本訪問

寮食堂

寮祭出し物。お洒落でシックなダンス

物干し場の親子鹿

今野博信（こんの ひろのぶ）

1957年北海道大野町（現北斗市）生まれ。奈良教育大学大学院教育学研究科修了。大阪で関西芸術座、奈良で学習塾自営後に、北海道で公立小学校教員。早期退職後、伊達市で個別学習塾を自営。1989年、奈良の町屋ガイド『ならまちグラップ』出版。

室蘭工業大学非常勤講師、東京理科大学長万部校非常勤カウンセラー。学校心理士スーパーバイザー。

室蘭工業大学「発達障害の映画を観る会」、同「シェアリング教育研究会」の自主ゼミを企画。

趣味は低山徘徊・初級の沢登り・小説や戯曲の応募。

コトニスム・カタルシカ
柿ノ木寮奮勇伝

2018年1月1日　第1版第1刷　発行

著　者　今野博信（こんの ひろのぶ）

デザイン　山﨑理佐子
写真提供　卒寮生

発行者　米山　傑
発行所　株式会社一声社
東京都文京区本郷3-11-6　浅香ビル
電話　03-3812-0281　FAX　03-3812-0537
郵便振替00170-3-187618
URL http://wwwisseisha.net
印　刷　株式会社新協

ISBN978-4-87077-268-7 C0095 ©Konno Hironobu 2017
落丁本・乱丁本はお取り替え致します。本書へのご意見ご感想をぜひお寄せ下さい。